中国、アラブ、欧州が手を結びユーラシアの時代が勃興する

副島隆彦

ビジネス社

中国、アラブ、欧州が手を結びユーラシアの時代が勃興する

まえがき

世界の経済が急激に変動を始めた。この6月12日まで中国の株式が暴騰していたのに、大きく下落した。だからこそ今こそ日本人は中国株と人民元《げん》を買うべきなのだ。日本の株式（東証《とうしょう》）やニューヨークの株なんか買うものではない。

中国はこれからもますます隆盛《りゅうせい》する。私は孤立無援の中でずっとこのように書いてきた。この本は私の中国研究本の7冊目だ。

中国を中心に世界の流れが変わった。さらに一段階、突き抜ける感じで中国の存在感《プレゼンス》が増している。中国は強い。中国は崩れない。だから中国を買え、である。

私が書いてきたとおり、この10年間に中国株を買い、中国で金《きん》を買い、人民元預金をした人の勝ちである。

3ページの人民元《げん》の表にあるごとく、1元＝20円を突破した。

2012年3月には1元＝12・3円だった。2012年12月から急激な上昇トレンドが

人民元が急上昇している

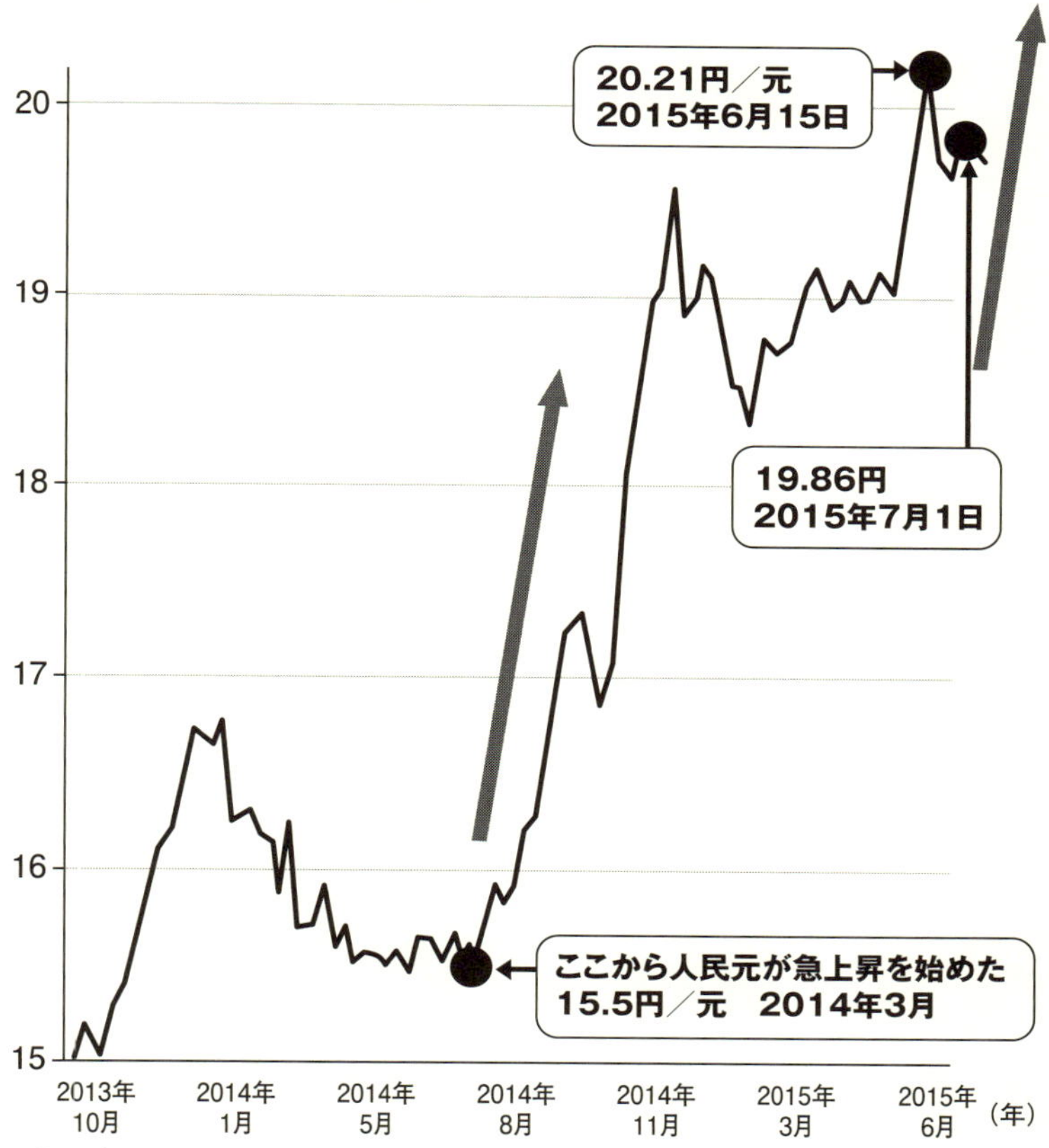

出典：ブルームバーグ

人民元預金をするべきである。数年前から日本の主要な銀行でもできるようになった。1元＝20円で1年定期で年率1.6％とかの金利が付く。三井住友銀行が有利である。P25を参照。

起きた。今や人民元は、16円、18円を突き抜けて、2015年6月に20円台に乗せた。

人民元預金をした人の勝ちだ。このあとも人民元高《げんだか》（円安《えんやす》）は続き、1元＝30円を目指す。だから今からでも私たち日本人は人民元預金をすべきである。この5年間で、日本の主要な銀行でも人民元預金はできるようになった（P25参照）。

今も日本には中国を腐《くさ》して中国の悪口ばかり言っている人々がいる。

そんなことでいいのか。中国で暴動が起きて共産・中国は崩れる、の中国崩壊論を唱えてきた人々の大合唱が出版界で続いた。この人々の頭は大丈夫か。中国は崩壊などしない。

私たちは嫌《いや》がらないで中国を正面から見据えなければいけない。

副島隆彦

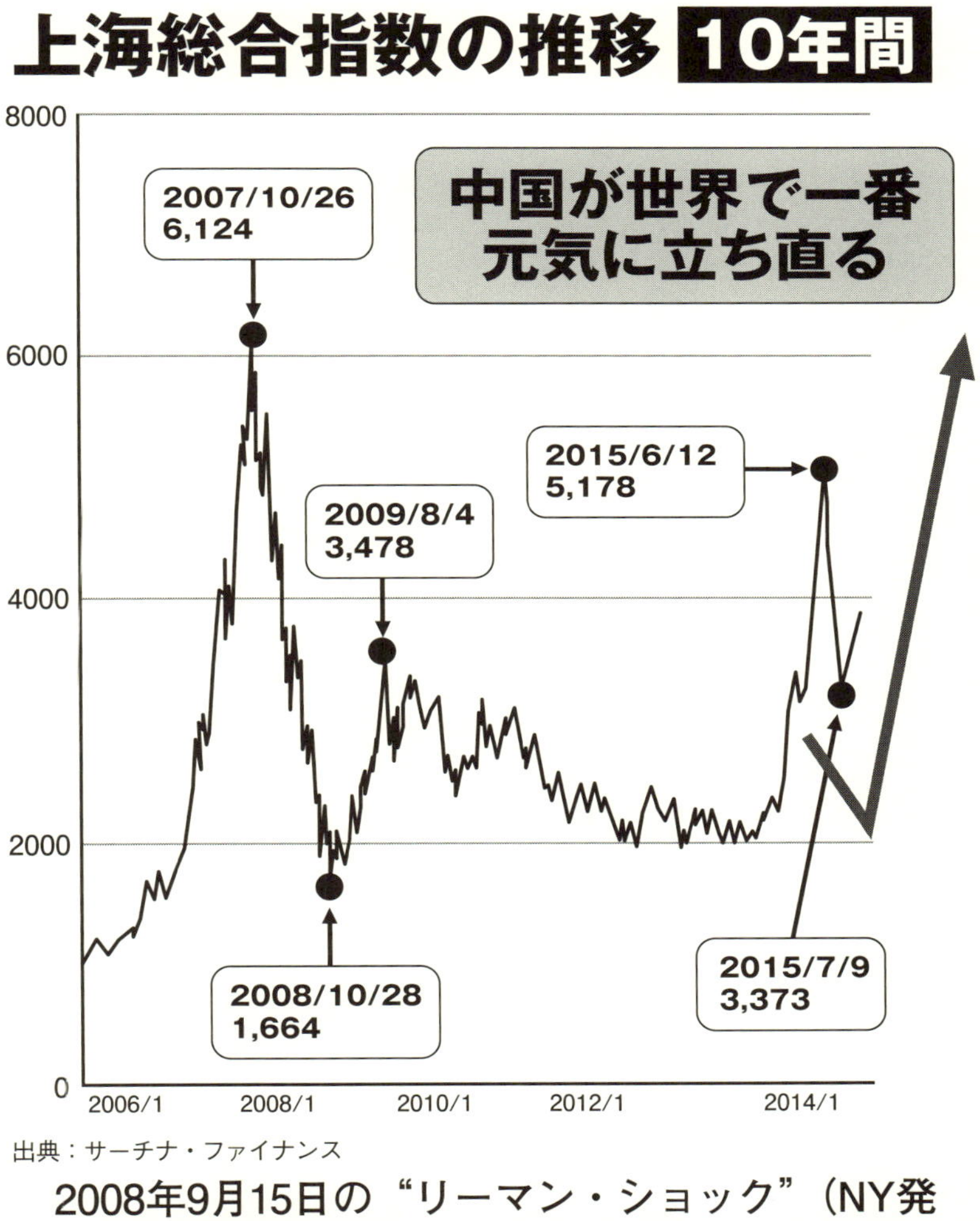

出典：サーチナ・ファイナンス

2008年9月15日の“リーマン・ショック”（NY発の世界金融危機）のあと中国が一番早く立ち直って3400まで上げた。そのあとずっと低迷していた。それが2014年末から急上昇した。

中国、アラブ、欧州が手を結び ユーラシアの時代 が勃興する　目次

第1章　今こそ人民元、中国株、中国金を買うべき

第２章 中国が目指す新しい世界

第3章

「一帯一路」で世界は大きく動く

第4章 南沙諸島をめぐる紛争の火種

第5章 欧州とアジアをつなぐアラブ、イスラム教徒の底力

第1章

今こそ人民元、中国株、中国金《きん》を買うべき

中国の株はどん底の今が買い時

中国株は急騰したあと、6月12日から暴落を始め、「3週間で32%下げた」と騒がれた（7月9日）。しかし、だからこそ中国の株はこれからまた上がる。今は一番底《いちばんぞこ》を付けつつあるところだ。だからこそ外国人である私たちは、今こそ中国株を買うべきだ。中国はまだまだこれから隆盛《りゅうせい》する国だ。それに対してアメリカや日本は、衰退する国だ。

上海総合指数は、8年前の07年10月に、過去最高値の6124ポイントを付けた。この後、下落に転じた（P4の表を参照）。

２００９年8月にいったん戻り、高値３４７８ポイントを付けた。が、そのあとおよそ7年間ずっと低迷し続けた。２０００ポイントを割るところまで落ちていた。

ところが、去年の暮れから急激に上昇した。今年２０１５年6月12日には、５１７８ポイントと年間最高値を付け、**たった1年間で何と2・5倍となった**。激しい急上昇である。中国民衆の中のバクチ好きたちが、ものすごい勢いで株式を買い上げたことをもの語っている。これには中国政府自身による政策誘導による株価のつり上げがある。後述するが、中国政府（李克強《りこっきょう》首相）は、「土地が上がらない時は、株で国民を儲けさせる」という国

上海綜合指数(5年間)
中国株が激しく上昇した。たった1年で2.5倍になった

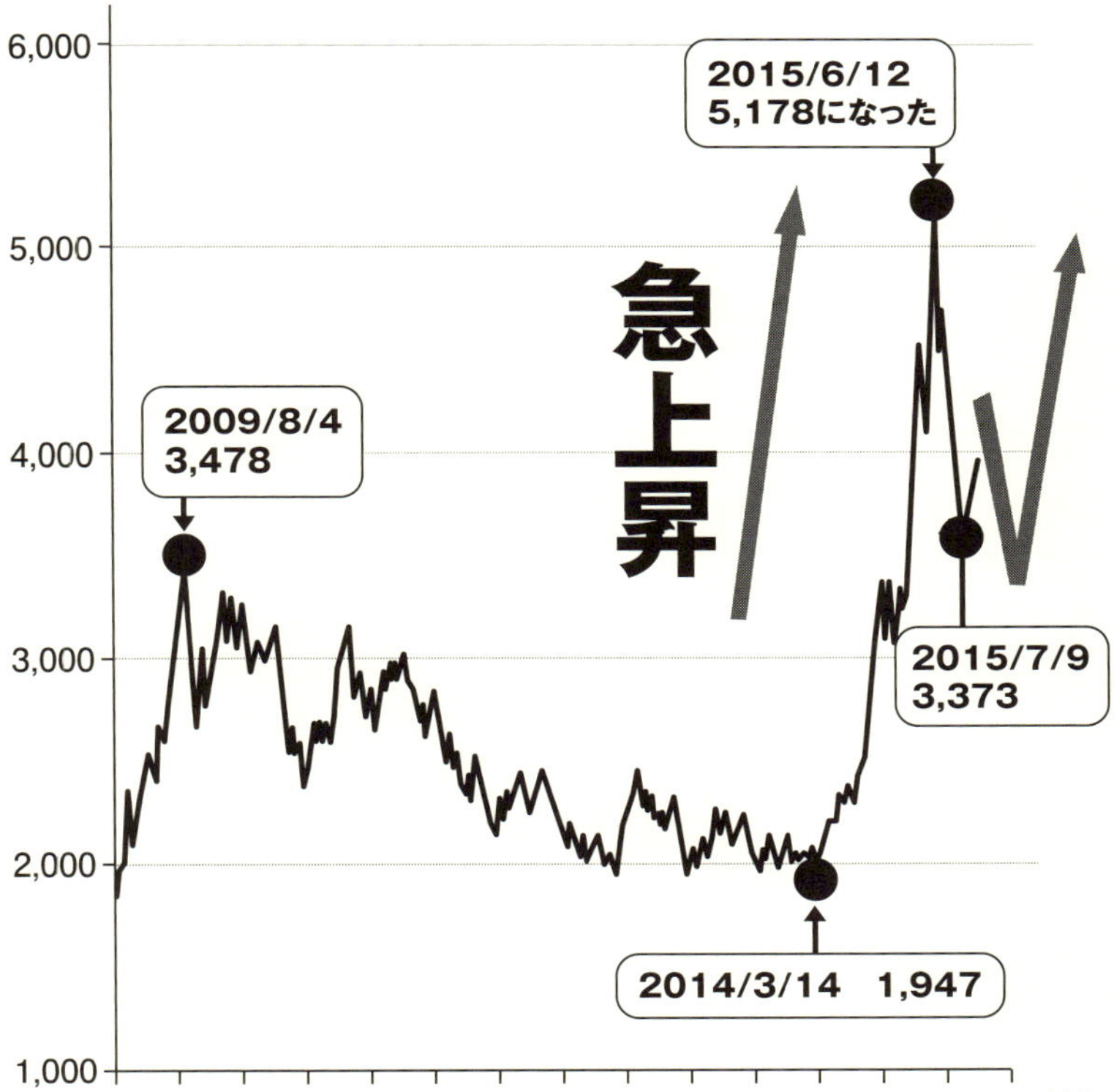

2014年3月に2000割れの安値だった

民との約束を守っているのだ。私は、この秘密の話を８年前（２００７年）に上海で聞いた。「土地か、株か」のシーソーゲームをやりながら、この30年間、中国は驚異的な経済成長《エコノミック・グロウス》を遂げてきたのである。

この６月12日に当面の最高値である５１７８（15ページの図のとおり）をつけた。このあと大きく急落が起きて、現在一番底《いちばんぞこ》を模索《もさく》中である。３５００ぐらいで底をついて反発するだろう。だから私たち日本人にとっては、今が絶好の買い時である。あのゴールドマン・サックスが中国株に対して超強気である。

「ゴールドマン：中国株はバブルではない――27％上昇の予想維持」

中国株式相場が大幅な下落を記録しているにもかかわらず、ゴールドマン・サックス・グループの強気な見通しは揺らいでいない。

ゴールドマンの中国担当ストラテジスト、劉勁津氏（香港在勤）は、大型株から成るＣＳＩ３００指数が今後１年間で27％上昇すると予想。当局の支援策が投資家の信頼感を高めるほか、金融緩和で経済成長に弾みがつくためだと説明している。また、レバレッジをかけたポジション（持ち高）は市場の崩壊を引き起こすほど大きくはな

AIIB、「一帯一路」関連銘柄 ①
中国機械工程

出典：サーチナ・ファイナンス

中国機械工程は、中央系企業である中国機械工業集団有限公司傘下のインフラ建設会社だ。アジア、アフリカ、南米など海外の発電所設備関連の建設を請け負う。2015年12月期は、20%超の増収増益を見込んでいる。

く、バリュエーション（株価評価）には上昇する余地があると指摘した。
海外投資家による売却が記録的なペースに達し、中国の信用取引トレーダーによる売りは過去最大規模となり、中国株の時価総額からは3週間で3兆2000億ドル（約390兆円）が吹き飛んだ。他の外資系投資銀行からはバブルを警告する声が高まっているが、こうした状況にもかかわらずゴールドマンは楽観的な見方を維持している。同社の予想は個人投資家の信頼回復に向けた中国当局の前例のない取り組みの成功にかかっている。

（ブルームバーグ　2015年7月8日）

NY《ニューヨーク》最大のワルの大銀行（証券会社でもある）のゴールドマンがこのように、言っている。中国株に激しい先物《さきもの》でのカラ売りを浴びせている張本人であるくせに（子会社のヘッジファンド群を使って）、その一方で中国株に買いの指図を入れている。
もう一人重要な人物が、「中国株はまだまだ上昇する」と言っている。

「中国株はまだまだ上昇する　ジム・ロジャーズ氏」

国際的な著名投資家のジム・ロジャーズ氏は、6月24日に河北省石家荘《せっかそう》市で、「中

AIIB、「一帯一路」関連銘柄 ②

中国中車

出典：サーチナ・ファイナンス

中国の大手鉄道車両メーカー。主な事業は、機関車、客車列車、貨物列車、高速列車、地下鉄車両、及び主要部品の研究開発、製造販売、メンテナンス、リース。 一帯一路に沿った海外部門の急成長が期待される。

国株式市場の上昇トレンドはこれからまだ1〜2年間続き、それでもバブルを生むことはないだろう。私は中国株式市場について楽観的に見ている」と語った。

〝中国通〟を自認する同氏は、1999年、2005年、2008年に分けて中国株を購入、2014年11月には、さらに買い増ししている。「中国株式市場は最近、大幅に上昇している。しかし天井をつけてはいない。私はまだ買うつもりだ」と強気の姿勢を強調した。

「21世紀は中国の世紀である」と繰り返す同氏は、有望な業種として、鉄道、医薬、金融、農業、観光、汚染対策などを挙げた。「中国経済は依然、成長を続ける。『一帯《いったい》一路《いちろ》』戦略は、世界全体を変えるものだ。この戦略に関連する銘柄に投資するのも面白いと思う」と語った。

（チャイナネット　2015年5月25日）

私もこのジム・ロジャーズ氏の正直で率直な語り口に賛同する。彼はこの10年ずっと中国株に投資してきた。彼ははっきりと、「中国経済は依然成長を続ける。『一帯一路』戦略は世界を変えるものだ」と言っている。まさしくこのとおりだ。「一帯一路《いったいいちろ》」については後述する。

中国株の急騰は、この3月ごろにようやく日本でも注目され始めていた。あっという間

AIIB、「一帯一路」関連銘柄　③
中国交通建設

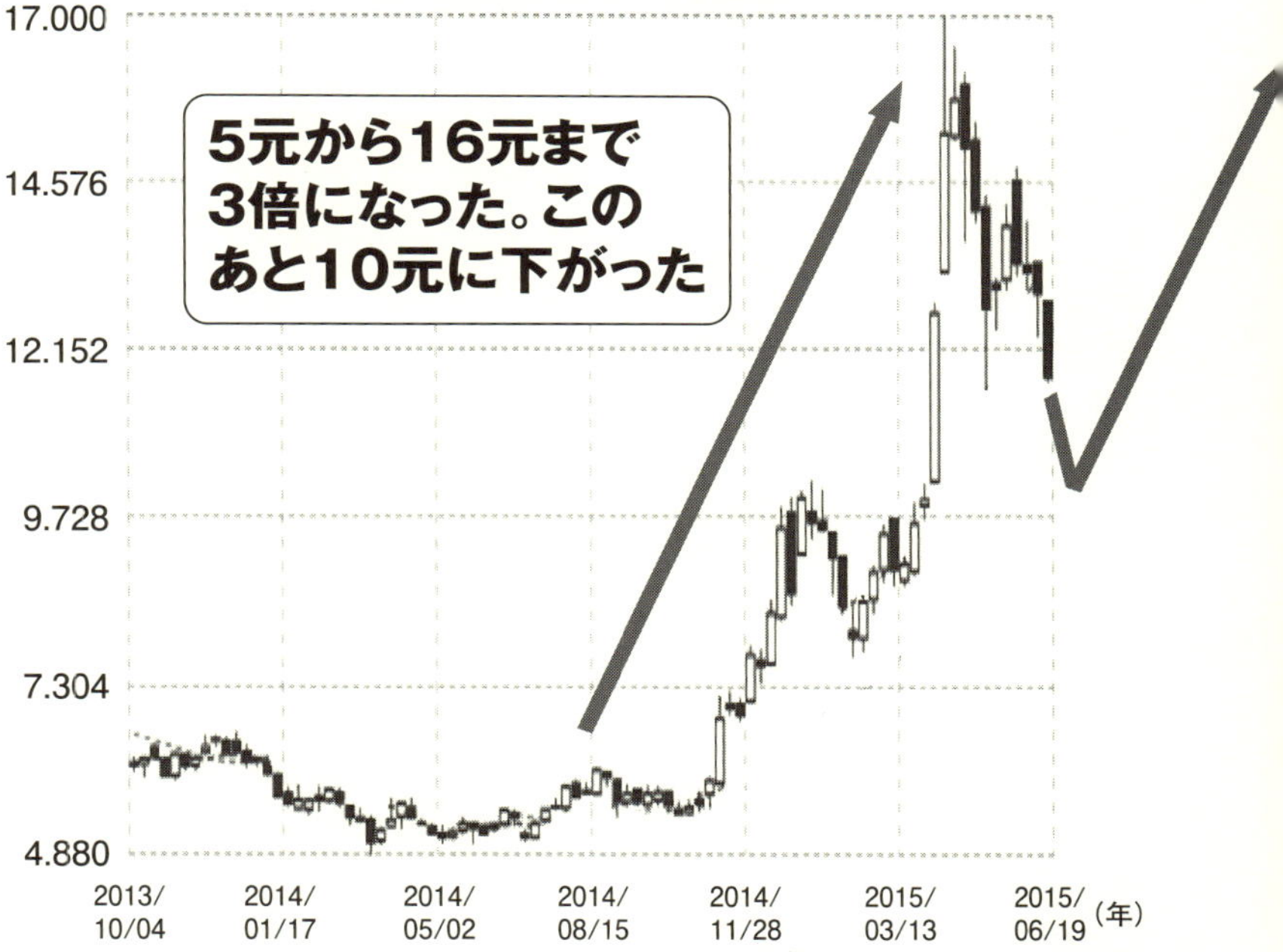

出典：サーチナ・ファイナンス

　中国のインフラ建設大手である。主な事業は、インフラ建設・設計、浚渫《しゅんせつ》、港湾設備の製造。国内大手3社の中でも海外比率が高い。「海のシルクロード」として港湾、海運などを整備することで、中国から中央アジア、ASEAN（東南アジア諸国連合）、そしてヨーロッパに至るまで大開発を進める。

の2倍の上げだった。

「中国株、緩和期待で上昇　上海指数が6年10カ月ぶり高値」

中国株が上昇している。2015年3月17日の上海株式市場で、上海総合指数は2009年8月に付けたリーマン・ショック後の高値（3478）を上回り、約6年10カ月ぶりの高値を付けた。全国人民代表大会（全人代）が終わり、追加金融緩和や規制緩和など政策期待が広がり、幅広い銘柄に買いが入った。（略）

中国経済の成長減速が鮮明ななかで株式相場が上昇しているのは、政策期待に加えて個人マネーが株式市場に流入している、という需給要因が大きい。住宅市場の下落に加えて、個人向け高利回り金融商品である理財《りざい》商品（デリバティブズ）のリスクが個人に意識されたからだ。株高を受けて上海上場銘柄の平均PER《ピーイーアール》（株価収益率）は17・55倍まで上昇している。

上海株以外も高値更新が相次いでいる。深圳《しんせん》証券取引所のベンチャー企業向け市場の「創業板」の株価指数は、16日に2142と過去最高値を更新した。香港取引所との株式相互取引が深圳市場でも近く始まる見通しだ。外国人マネー流入期待が高まっている。

（日経新聞　2015年3月17日）

私はこの本の巻末に、注目すべき中国を代表する巨大企業32銘柄の株価の動きの一覧表をつけたので参考にして下さい。

1人民元＝20円の時代

人民元《げん》をこれからもまだまだ買って元預金（外貨預金）をすべきである。

私は自分が2年前に書いた本で次のように書いている。

「元が上昇し始めた」

（『それでも中国は巨大な成長を続ける』副島隆彦著、2013年、ビジネス社）

中国の人民元《げん》が日本円に対して力強く上昇してきた。昨年（2012年）末からだ。いいいいいいいいいい私たちは今こそ人民元を買うべきだ。しかも、私たちは今や人民元を、日本国内にいたままで、銀行（日本の銀行を含めて）で買って「元《げん》預金」（外貨預金のひとつ）

をすべき時にきた。

1元は14・5円になった。この元《げん》上昇（元高《げんだか》）は2012年9月からの上昇トレンドである。それまでは、1元＝12・5円でずっと「円高元安《げんやす》」のまま、2009年からずっと低迷してきた。

ついに1元＝14円を越した。この背景には「ドル高《だか》円安」の動きがある。確かに対米ドルの日本円の円安の動き（1ドル90円。2013年1月17日）があることが影響している。しかしそれだけの動きで、元《げん》に対して円が安くなったのではないだろう。

ここは米ドル世界一極《いっきょく》通貨体制（ドル基軸通貨《キーカレンシー》体制）の動揺に真の原因を見なければいけない。ドルは、ちょっとぐらいの円安《えんやす》など踏みつぶして、世界中でどうせ下落してゆく。

2012年中には米ドルと人民元の為替の表で、逆流が起きていた。それまではずっと「ドル元《げん》相場では元の上昇」の一貫したトレンド（「元高」）だった。それが2012年中に下降（ドル高元安《げんやす》）に動いた。2005年からの動きで初めて、逆の動きが起きたのだ。

2012年の6月には1ドル＝6・35元にまで下げた。しかしこのあと2013年に入ると再び従来の元高《げんだか》のトレンドに戻った。もうすぐ「1ドル＝6・2元」の壁を

日本で人民元の外貨預金ができる銀行一覧

日本の銀行			
三井住友	みずほ	横浜	北陸
静岡	千葉	八十二	東邦
山口	伊予	中国（岡山県）	もみじ
関西アーバン	北九州	宮崎	大垣共立
福井	百十四	足利	

中国の四大商業（国有）銀行の日本にある支店		
中国銀行 ・東京支店・大阪支店 ・名古屋支店・横浜支店 ・東京大手町支店 ・神戸支店	中国工商銀行 ・東京支店 ・大阪支店 ・東京支店池袋出張所	中国建設銀行 ・東京支店 ・大阪支店

人民元の外貨預金・三井住友銀行の場合

商品	一般外貨定期預金	外貨普通預金
申し込み	店頭窓口（書面）での申し込みに限る	
預入期間	１年以内	
利用者	個人および法人	
預け入れ	100通貨単位以上、１補助通貨単位	１通貨単位以上、１補助通貨単位
払い戻し	満期日に元利金を一括払戻	１補助通貨単位
利息	固定　例）１年もの1.9402％（税引き後 年1.5460％）（2015/7/7）	変動金利
預金保険の適用	預金保険の対象外	
留意点	外貨預金取引における外貨現金の取扱はできない。個人の送金の取扱はできない。１通貨あたりの為替手数料（往復）60銭	

　実際の客対応を実験したら、三井住友銀行が一番親切で金利もいい。上記のとおり1年定期で1.9パーセントの利息をくれる。中国の大銀行もどんどん進出して来ている。

越えようとしている。表で1ドル＝6・21元（2013年1月15日）を示した。

中国政府（中国の中央銀行《セントラルバンク》である中国人民銀行が管理している）が、急な値動きを規制する「一日の値幅制限」をしているために「元高トレンド」がグズグズした動きになっている。川上《のぼ》りの魚たちが堤防の前で上がれないでもがいている感じだ。

何故、元高《げんだか》に戻ったかと言うと、それは、アメリカがジャブジャブマネー（金融緩和《かんわ》）をやって、FRB《エフアールビー》（米連邦制度理事会）がQE3《キューイースリー》というドル垂《た》れ流しを国家政策（金融政策）として12年9月から始めたからだ。

「中国にだけはドル資金が流れ出さないようにしろ」とアメリカ政府は誘導していた。それなのに、やっぱり中国にまで、再び投機資金（バクチの金《かね》）となって、流れ込んできた。これで「ドル売り元買い」が起きて「ドル安元高」の本調子に戻った。これで、中国でも①住宅価格上昇と②株価上昇の動きが起きている。

私がこのように書いたとおりになっている。

上昇する人民元の実力

前述したように人民元がじわじわと上がっている。

いつの間にか、「1元＝20・21」までなっていた。

ついに1元＝20円だ。私がこの7年間ずっと自分の中国本に書いてきた「人民元預金をしなさい」は、当たったことになる。

3年前に、1元＝13円で買って預金した人は、6割上昇したということだ。だから、100万円分の元《げん》預金は160万円になった。この他に金利がついている。対ドルでは、1ドル＝6・11元だ。1ドル＝6・02元の元高《げんだか》（ドル安）まで行った（2015年7月6日）。だがまだ6元の壁は、破られていない（P31の図を参照）。しかし、もうすぐ割れる。早く5元、4元台になるべきだ。ロイターの記事を載せる。

「中国が人民元高維持、輸出低迷でも資本流出加速を懸念」

中国は輸出が低迷しているにもかかわらず、人民元《げん》高基調を維持している。経済が減速する中、元安になって資本流出の懸念が背景にある。

人民元は今年、対ユーロ、対インドネシア・ルピア、対豪ドルで過去最高値を更新した。中国当局は、堅調な米ドルに対しても人民元を安定的に推移させている。

スタンダード・チャータード（香港）のストラテジスト、エディー・チュン氏は、「中国が国際通貨基金（ＩＭＦ）で特別引き出し権（ＳＤＲ《エスディーアール》）の構成通貨に人民元採用を要求していることも最近の人民元高と関係している」と指摘する。

人民元のＳＤＲ採用を目論む中国にとっては、ＩＭＦで最も発言力のある米国と人民元相場で争いを抱えているので、対ドルで人民元の安定を維持することが重要になっている。

一部エコノミストは、「人民元高が中国貿易に打撃を与えている」との見方に懐疑的だ。キャピタル・エコノミクス（ロンドン）のマーク・ウィリアムズ氏は、「（人民元高が中国の輸出に）影響を与えているとの見方を否定するわけではないが、データではそうした影響を感じない」と話す。「1―3月の中国輸出は、4・7％増となっており、輸出が落ち込んでいる台湾や韓国に比べれば、十分堅調にみえる」と指摘する。

江蘇省常州市で衣料品などを欧州や中東、東南アジアに輸出しているある業者は、

円元《えんげん》の為替相場 25年間

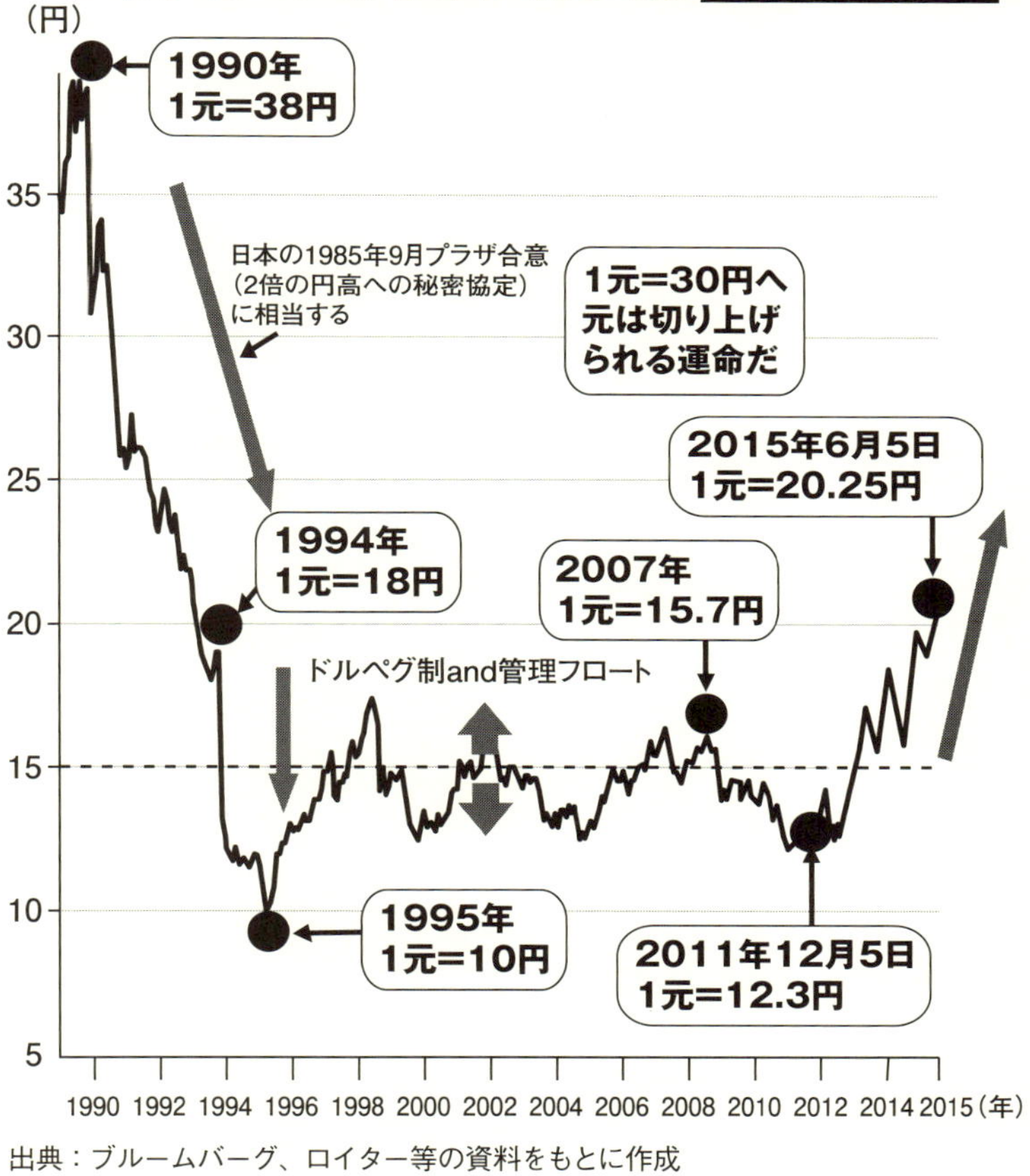

出典：ブルームバーグ、ロイター等の資料をもとに作成

人民元の相場は、25年の長いもので見たら、このように大きく台型を描いている。1元＝38円（1990年）の時代があったのだ。今そこに向かって戻りつつある、と考えれば元高《げんだか》のトレンドは自然と理解できる。

「人民元高の影響はない」と説明した。通貨ヘッジのおかげもあって、輸出品価格に今のところ変化はないという。

（ロイター　２０１５年4月15日）

中国がロンドンの金《きん》価格決定に参加

次は金《きん》の話である。

中国がイギリスと組んで世界の金価格の決定権を握りつつある。ということは、現在はニューヨークの金先物《きんさきもの》市場（ＣＯＭＥＸ《コメックス》とＮＹＭＥＸ《ナイメックス》）で決まる金《きん》価格で行なわれているインチキ（不正取引）と違法操作《マニュピレーション》が、もうすぐ崩されて、世界金《きん》価格は正常に需給《じゅきゅう》を反映した値段になるということだ。ということは、金《きん》の地金《じがね》の価格は今から徐々に上がり始める。

「世界の金市場で『大躍進』する中国」

中国は、ロンドン金《きん》市場に登場した、２０１４年9月からわずか半年間で、世界の金《きん》市場における「大躍進」を成し遂げた。ロンドンで、約１００年前から金《きん》の値決め

元とドルの為替相場の推移 10年間

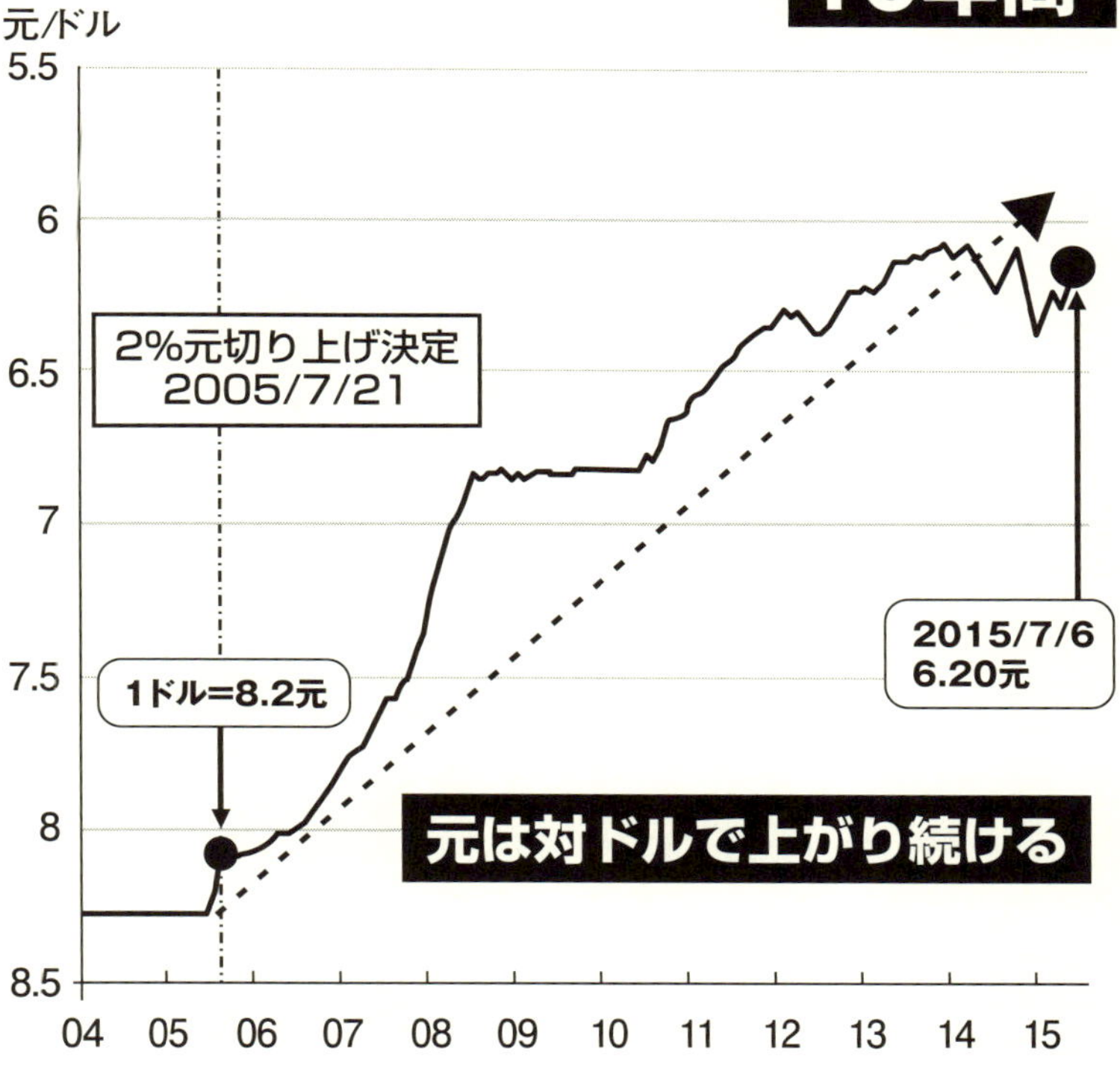

出所：サーチナ・ファイナンス

対《たい》中国でのアメリカの貿易赤字は、2000億ドル（24兆円）を超えている。だから為替（元ドル相場）で改善しようと考える。中国政府は、アメリカ政府と妥協して、約束どおりで整然と元高《げんだか》のトレンド（方向性）で動いている。

が行われている。

金の値を決めているのは、ロンドン銀行間金市場《インターバンク・ゴールド・マーケット》を形成している5つの銀行だ。この「ゴールデン・ファイブ」による価格決定への依存を克服しようとし、中国は、独自の「金《きん》市場における中国の値段」を決める手段を開発した。中国は、金の国際契約を国内市場と結びつけた。相場アナリストのセルゲイ・ヘスタノフ氏は、「これは、ロンドンの金《きん》取引所で設定された古いゲームのルールに対する中国の初の挑戦だった」と語った。


（ロシアの声　2015年2月26日）


このように中国は着々と金《きん》価格の決定権を握りつつある。しかも確実に、「ロンドンの金価格の値決め5大銀行《ゴールデン・ファイブ》」（HSBC、バークレイズ銀行、ドイツ銀行、ソシエテ・ジェネラル、スコシア・カモッタ。BOE《バンク・オブ・イングランド》が監督）と連携しながら、今、その値決めの場に中国の3大銀行が加わることで、価格決定力を握るつもりだ。

ということは、ロンドンのロスチャイルド家の「黄金《おうごん》の間《ま》」で現物《げんぶつ》の金《きん》価格が決められていた時代に、世界が戻りつつある。

今から16年前に1トロイオンス＝252ドルの最安値にまで金《きん》は蹴落《けお》とされた（1999年7月20日）。この時、ニューヨークの鉱物、金属、エネルギー資源の先物《さきもの》市場である

中国人民銀行が発表した人民元中心レート（2015年６月26日）

元／米ドル	6.11
元／ユーロ	6.87
元／円	0.049 （1元＝20.10575円）
元／香港ドル	0.7
元／英ポンド	9.6
ロシアルーブル／元	8.2
元／豪ドル	4.7
元／シンガポールドル	4.5

注１：人民元の変動幅は対ユーロ、ポンド、円、香港ドル、その他通貨に対しては１日最大上下３％に制限されている。

注２：2014年3月17日より、対米ドルの変動幅は中心レートの上下1.0％から2.0％に変更された。

注３：2010年8月19日より、人民元の変動幅はロシアルーブルに対して１日最大上下５％に制限されている。

出典：中国外貨取引センター

ＣＯＭＥＸ《コメックス》（ＮＹＭＥＸ《ナイメックス》の一部。大きくはＣＭＥ《シーエムイー》シカゴ・マーカンタイル取引所。レオ・メラッド名誉会長）が、金先物《ゴールドフューチャー》での価格決定権をロンドンから奪い取った。

あれから16年である。今、ようやく金《きん》の値決めの決定権が、ロンドンと上海の連携で決められようとしている。ニューヨークと、シカゴの「商品《コモディティ》１２３」の先物取引所が、我が物顔で押さえてきた金《きん》の価格支配が、このようにして貴金属《プレシャス・メタル》の市場で崩れ去りつつある。ということは〝金殺《きん》し〟も早晩できなくなる。

金《きん》価格の決定権をめぐる闘い

前述のように中国が、金《きん》の価格を決めるロンドン金《きん》取引所（ロンドン貴金属市場協会（ＬＢＭＡ　The London Bullion Market Association）の有力なメンバーになった。

以下のブルームバーグの記事にある中国工商《こうしょう》銀行は、中国の商業銀行のトップである。預金残高２兆５０００億ドル（15兆５６００億元、約３００兆円）で、世界第1位の大銀行である。いつの間にかこの3年間で工商銀行がＪＰモルガンチェース銀行やバンク・オブ・アメリカを抜いて世界一になっていた。

2011年をピークに、ドル建て金《きん》価格は下落トレンド入りした

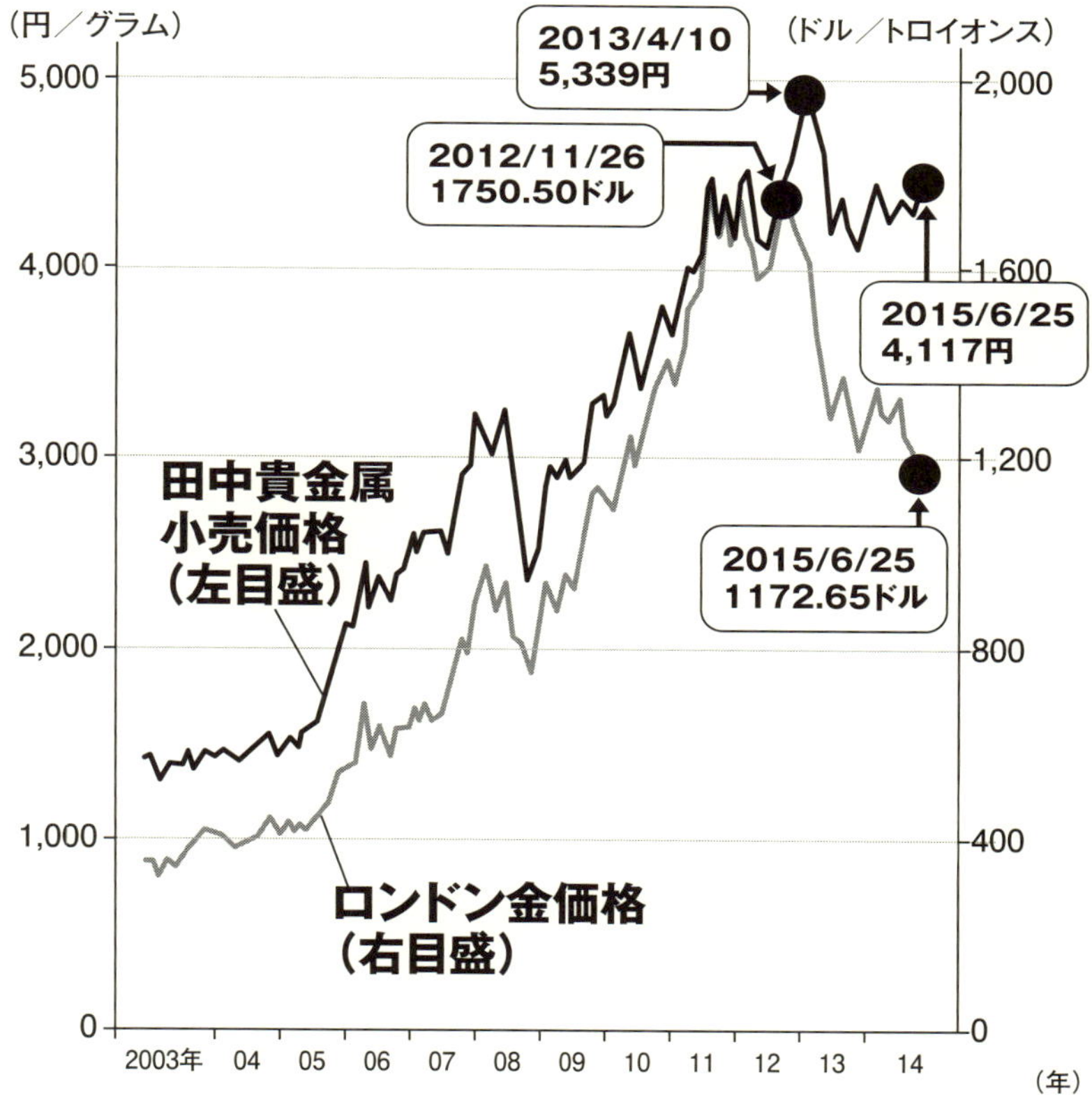

ＮＹの“金殺し”で、金は今も低下したままだ。しかしこれ以上下がると、中国人、インド人、アラブ人、ブラジル人の金持ちたちが現物《げんぶつ》で金を買う。もうすぐNYの金《きん》価格の支配は終わる。アメリカにはもうあまり金《きん》はない。

「中国工商銀、ロンドンの金値決め入札への参加を検討」

中国工商《こうしょう》銀行はロンドンで金《きん》の値決め入札への参加を検討している。上海では人民元建ての金価格設定が年内に始まる。

工商銀行の周明・貴金属部門ゼネラルマネジャーは、2015年6月25日の上海での会議で、同行が直接、もしくは英部門スタンダード・バンクを通じて、ロンドンの金値決め入札に参加することを検討していると述べた。中国勢としては中国銀行(引用者註　中国銀行は外為専門銀行)が先週、1営業日2回行われる金《きん》値決め入札に参加する初めての銀行となった。

上海黄金取引所(SGE)の幹部、シェン・ガン氏は同日、中国人民銀行(中央銀行)に、SGEの価格決定システムの認可申請をしており、年内に開始する計画だと語った。

(ブルームバーグ　2015年6月26日)

この動きは去年から起きていた。イギリスが中国に大きく接近して中国とともに世界の金融市場をつくってゆこうとする決断の表われである。このことは、イギリスが3月12日に突然、AIIB(アジアインフラ投資銀行)に参加表明したことと連動している。**イギ**

この「中国黄金」がブランド品である

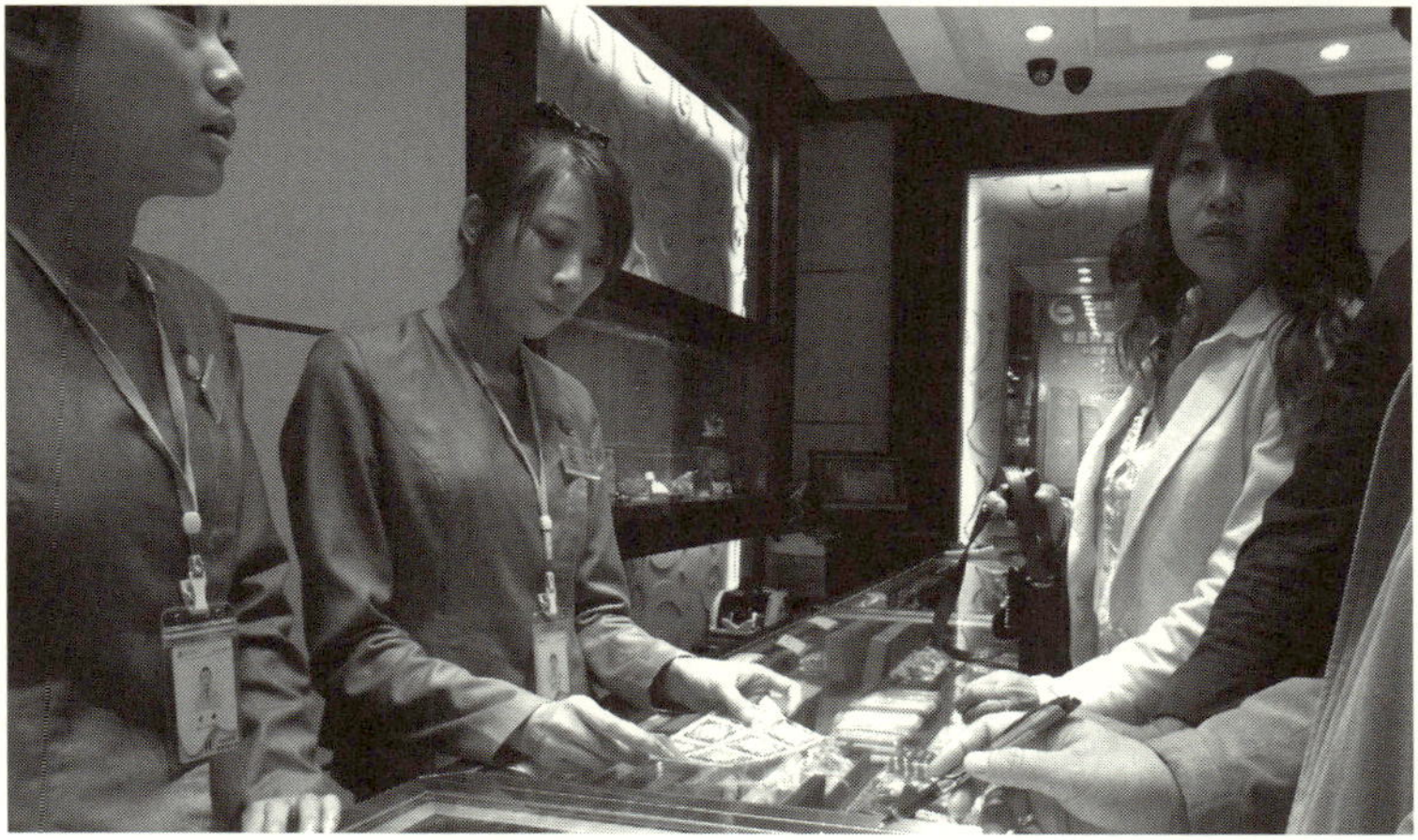

中国ではデパートでも金を買える。だが大銀行の支店で買うほうがやはり安い。10グラムの小つぶから100グラム、1キロの板まである。「金を中国で買って、中国で売る」がすばらしい。ただし日本国内よりも「税金のようなもの」が高い。だが中国では「身分証明書を出せ。税務署用の申告書を書け」とかうるさいヘンなことを言われない。(『中国は世界恐慌を乗り越える』2012年刊から)

リスはアメリカを見捨てて、これからは中国と生きてゆくと決めたのだ。

２００年前の１８００年代から、金《きん》の値決めをしてきた伝統的なロンドンの「ロスチャイルド家の黄金《おうごん》の間《ま》」の力が復活しつつある。

１９９０年ごろにイギリスは金《きん》の価格決定権を、アメリカのＮＹ《ニューヨーク》の貴《き》金属の先物《さきもの》（フューチャー）の取引所に奪い取られた。ニューヨークのＮＹＭＥＸ《ナイメックス》（ＣＯＭＥＸ《コメックス》）という先物市場《フューチャーマーケット》で、アメリカ政府（ＳＥＣ《エスイーシー》、米証券取引委員会）までがグルになって、不正な金《きん》価格の形成をするものだから、ヨーロッパ人が怒っていた。すべての動機は、米ドルの下落しつつある信用（クレディビリティ）を守ろうとしてのものである。

これが〝金殺し〟だ。私は、自分の金融本の中で、この3年間ずっと書いてきた。「アメリカによる金殺《きんごろ》しが続いている」と。金《きん》をわざとニューヨークで下落させることを、度々《たびたび》アメリカは官民《かんみん》共同の市場操作《そうさ》でやってきた。このことにヨーロッパ人（とくにスイス人とドイツ人とイギリス人）が、怒っていた。だから、ヨーロッパの金融業者たちは隆盛しつつある中国を仲間に引き入れることで、ロンドンの現物《げんぶつ》の金《きん》価格決定の仕組みを強化すると決めた。

今や世界一の金《きん》保有国は中国である。中国は現物で金《きん》をすでに3万トン持っている。世界中には18万トンの金《きん》（の地上在庫《ちじょうざいこ》）がある。アメリカ政府は８１００トン持っていることなっているが、実は、もうほとんどないらしい。

中国がイギリスと組んで金《きん》の値決めをするという動きが起きたことで、あと1年ぐらいで、世界の金《きん》の市場の権威《けんい》はロンドンに戻っていく。今のようにニューヨークとシカゴで不正な取引を続けることはできなくなる。アメリカの金の価格決定権はこうして崩れ去ってゆく。

台湾人の不動産〝爆買い〟

私は2015年2月に台湾の首都台北《タイペイ》の不動産市場の様子を調べて回った。台北の地価も住宅価格も非常に高いままだった。日本よりも高い。それなのに値崩れしていない。今も台湾人は〝右肩あがり〟思考のまま、暴落をまったく考えていない。驚くべきことだ。

台北の一等地では再開発が行われていて、30階建てぐらいのタワーレジデンス（高層ビル）の場合、床面積100㎡（30坪）で4億円ぐらいする。価格は東京の都心のタワーレジデンスの2倍ぐらいだ。だから、台湾人が東京の都心の不動産を〝爆買《ばく》い〟した。優良物件を求めて今も「2020年東京オリンピックの前まで」のつもりで台湾人が日本で爆買いを続けている。

次の記事は『週刊ダイヤモンド』誌のものだが、台北でデベロッパーをやっている日本の建設業者の強気の感じがよくわかる。

「東京買い過熱の不動産投資」

「今年に入り、海外から投資家がほぼ毎日のように物件の視察にやって来る。担当部門はフル稼働の状況だ」（大京リアルド）

不動産各社が、海外富裕層などの投資家の獲得に注力し始めている。

大京《だいきょう》は、今年1月、香港で事業を本格的に開始した。同社が分譲するマンションの販売や中古物件の仲介などを行っている。すでに昨年6月から本格営業を始めている台湾では「今年度の契約件数の目標は80件だったが、１００件に達しそうだ」と好調だ。

東急リバブルも昨年4月に台湾の現地企業と合弁会社を設立した。さらに昨年10月には香港で駐在員事務所を開設した。現在、台湾、香港、上海、シンガポールに拠点を持ち、国内外で約30人体制を敷いている。野村不動産アーバンネットも昨年10月、

台湾の一等地の高層アパートは4億円もする

私はこの物件を見せてもらったが、建築の質は日本と変わらない。台北《タイペイ》の再開発による高度利用化はこれからもっと進む。

同社で初めての海外駐在員事務所を香港に開設し、海外富裕層などが日本の不動産に投資する際のサポート体制を強化した。

海外からの投資熱が高まっている理由は三つある。

一つ目は円安。建築コストや地価の上昇により物件価格は上昇傾向にあるものの、円安により割安感が高まっている。

二つ目は海外の不動産価格の高騰。標準的な物件で東京と比較しても、台北は約2倍、香港に至っては実に約5倍という高値である。

三つ目は各国内の不動産投資規制だ。不動産市場の高騰を抑制するため、住宅購入の際の課税が強化されている。これにより、自国での不動産投資のうまみが薄れた。

東京五輪前に大量売却か

こうした中、アジアの不動産バブルは日本にも飛び火しつつある。

海外投資家の人気エリアは千代田区、港区、中央区、新宿区、渋谷区の都心5区に集中している。中でも「大使館が多い港区や、東京都庁がある新宿区は非常に人気が高い」（台湾の不動産仲介最大手の信義房屋）。人気物件とあれば、海外投資家が一斉に買いに走るケースもある。

台北市内の一等地は高層ビルの建築ラッシュだった

（2015年2月、著者撮影）

私もいくら何でも台湾も香港もシンガポールも高級アパート（タワーレジデンス）は高すぎる。一室で何億円もする。しかしこの不動産バブルは、中国本土の加熱経済が原動力だから簡単にははじけない。

特に積極的なのは台湾の投資家で、「1年前は2億～3億円が中心だったが、今では20億～30億円を投資するケースも増えている」（東急リバブル海外営業部長）という。

しかし、日本への投資ブームには危うさも潜んでいる。

「海外投資家の多くは、投資の出口《エグジット》を東京五輪前と考えており、2019年前後に大量に売却されるリスクがある」（大手不動産）と懸念する。日本大手不動産デベロッパーは都心部で相次いで大型マンションを建設する予定だが、海外投資家の売却で供給過剰となる恐れもありそうだ。とはいえ、海外からの投資ブームはしばらく続きそうな勢いであり、海外投資家の取り込みに向けた動きが、今後さらに高まっていきそうだ。

（週刊ダイヤモンド　2015年1月21日）

第2章

中国が目指す新しい世界

ユーラシア大陸の時代が到来する

中国崩壊論を唱えてきた者たちの負けがこれではっきりした。日本国内で中国《チャンコウ》（人《レン》）を腐《くさ》して悪口を言っている時期では、もうない。何をいい気になって、中国叩き、韓国嫌悪《けんお》をやってきたのか。反共右翼《はんきょう》である自分が、そんなに美しいのか。長い目で見て、自分たち勝共右翼《しょうきょう》が大きな正義であり、日本国の平和と繁栄を守っている、とどれほどの信念、確信がある、というのか。この人種差別主義のヘイトクライムの下劣な人間たちよ。

アメリカによる、敗戦後70年も続く日本支配の現実のひどさをこそを真正面《まっしょうめん》から言うことが、本当の右翼・愛国者であるべきなのだ。

「アジア人どうし団結せよ。戦争だけはするな」の旗頭《はたがしら》を、私たちは堅持すべきである。アメリカによる日本（人）洗脳、自分たちのための日本の道具化というものはこんなにもひどいものなのだ。

この本は、これからの中国の動きを大きく概観《がいかん》（アウトルック）して、その全体構図を描きだし、そして中国の近《きん》未来の予測をする。

ついにヨーロッパ(人)が態度を変えたのだ。ヨーロッパは、中国と手を組むと決めた。ドイツのメルケル首相が、ロシアのプーチンと話し込んで、さらに中国と結んで、「一帯一路《ワンベルト・ワンルート》」のこれからの世界図式を描いた。中国から中央アジアを越えて鉄道網が、ロシアのモスクワを通ってドイツの首都ベルリンまで通る。

この動きに焦ったイギリスが突然(2015年3月12日)態度を大きく変えた。AIIB《エイアイアイビイ》(アジアインフラ投資銀行)へのイギリスの突然の参加発表である。後述する。G7《ジーセブン》(西側同盟《ザ・ウエスト》)によるウクライナ問題での、ロシアへの経済制裁《サンクション》はもうこれ以上はできない。何故ならヨーロッパ諸国は裏でロシアと話し合っているのだから。とくにロシア経由のカスピ海産の天然ガスが欲しい。これがないとヨーロッパ諸国の国民は冬にこごえてしまう。かつロシアは今の制裁ぐらいは十分に堪えられる。ロシアは自給自足、自力生産の自立経済(アウタルキー、autarky)で生きてゆける。

だからいよいよ**ユーラシア大陸の時代がくる**。ユーラシアとはユーロとアジア Euro-Asia で Eurasia である。ヨーロッパとアジアから成る大きな大陸である。16世紀から丁度500年間続いた「海の時代」が終わって、やがてもうすぐユーラシアの大陸の時代が

陸のシルクロードと
海のシルクロードの二つからなる

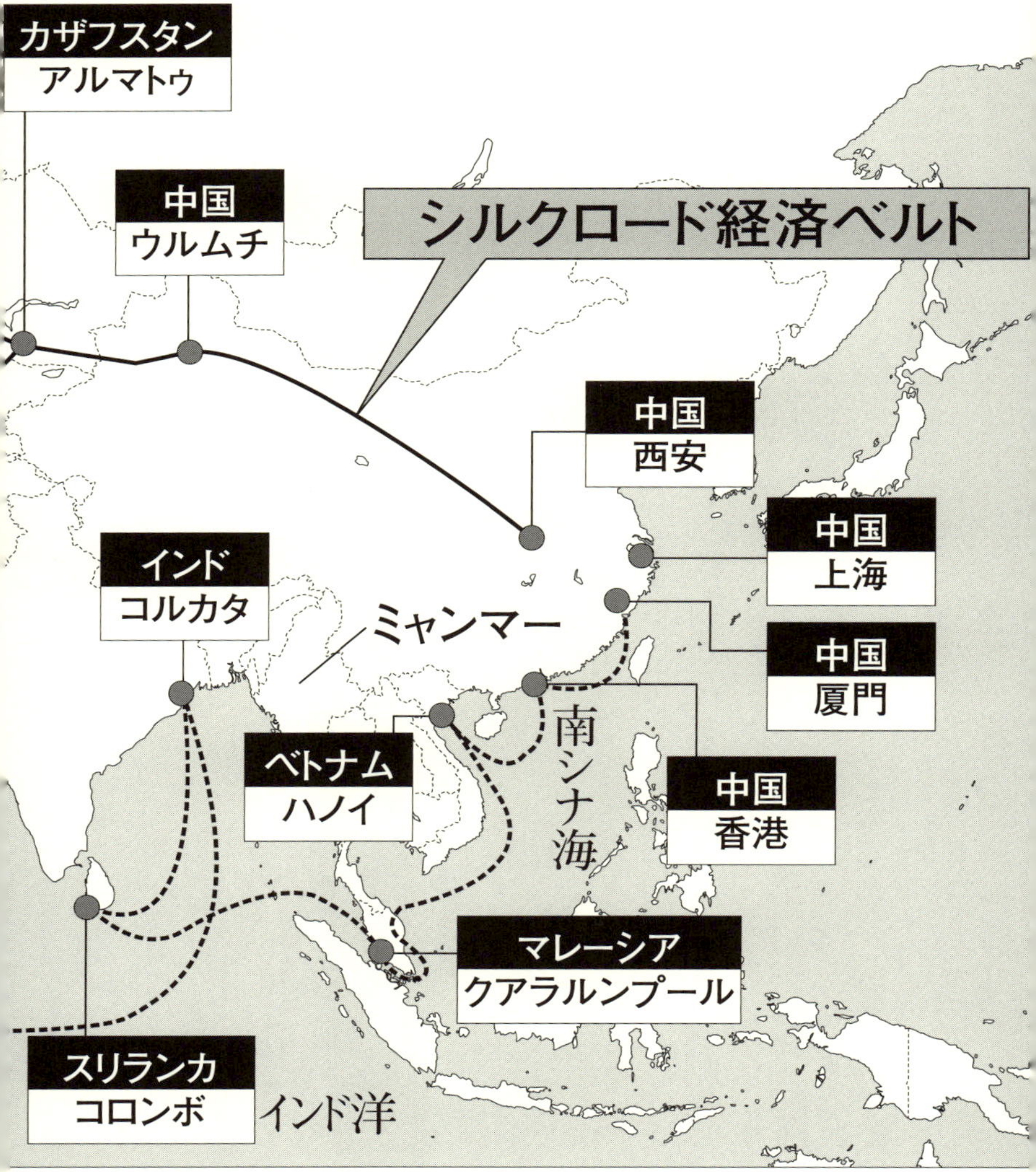

中国の「一帯一路」構想は

中国中央電視台CCTVの2015年4月の発表から

くるのである。500年間続いた海の時代は大航海時代（ザ・グレイドナビゲイション）とともに始まった。今それが、「海から陸へ」となりつつあるのだ。勃興するユーラシアの時代である。

今の、北アメリカ中心（ワシントンとニューヨーク）の世界体制《ワールド・オーダー》の時代が終わりつつある。世界の覇権《ヘジェモニー》は、アメリカ合衆国（＝ロックフェラー石油帝国）から次第に中国に移っていく。私が20年前からずっと予測して書いてきたとおりである。

中国とロシア、アラブ世界（イスラム教徒）、これにヨーロッパが組んで、ついでにインドも加わって新しい世界体制が生まれようとしている。**まさしく勃興するユーラシアの時代**である。48〜49ページの地図のとおりである。

AIIBで中国、アラブ、欧州がつながる

中国がぶち上げた「一帯一路」とともに、ＡＩＩＢ（アジアインフラ投資銀行）設立の動きも主要だ。

中国の内陸部を越えて、深く中央アジア（ここは穏《おだ》やかなイスラム教の世界だ）を通り、ロシアを通ってヨーロッパにまでつながる大きな交通路（大動脈）ができつつある。アフ

ドル元《げん》の為替相場

対ドルでは元高《げんだか》は一服。しかしまた元高（ドル安）になる

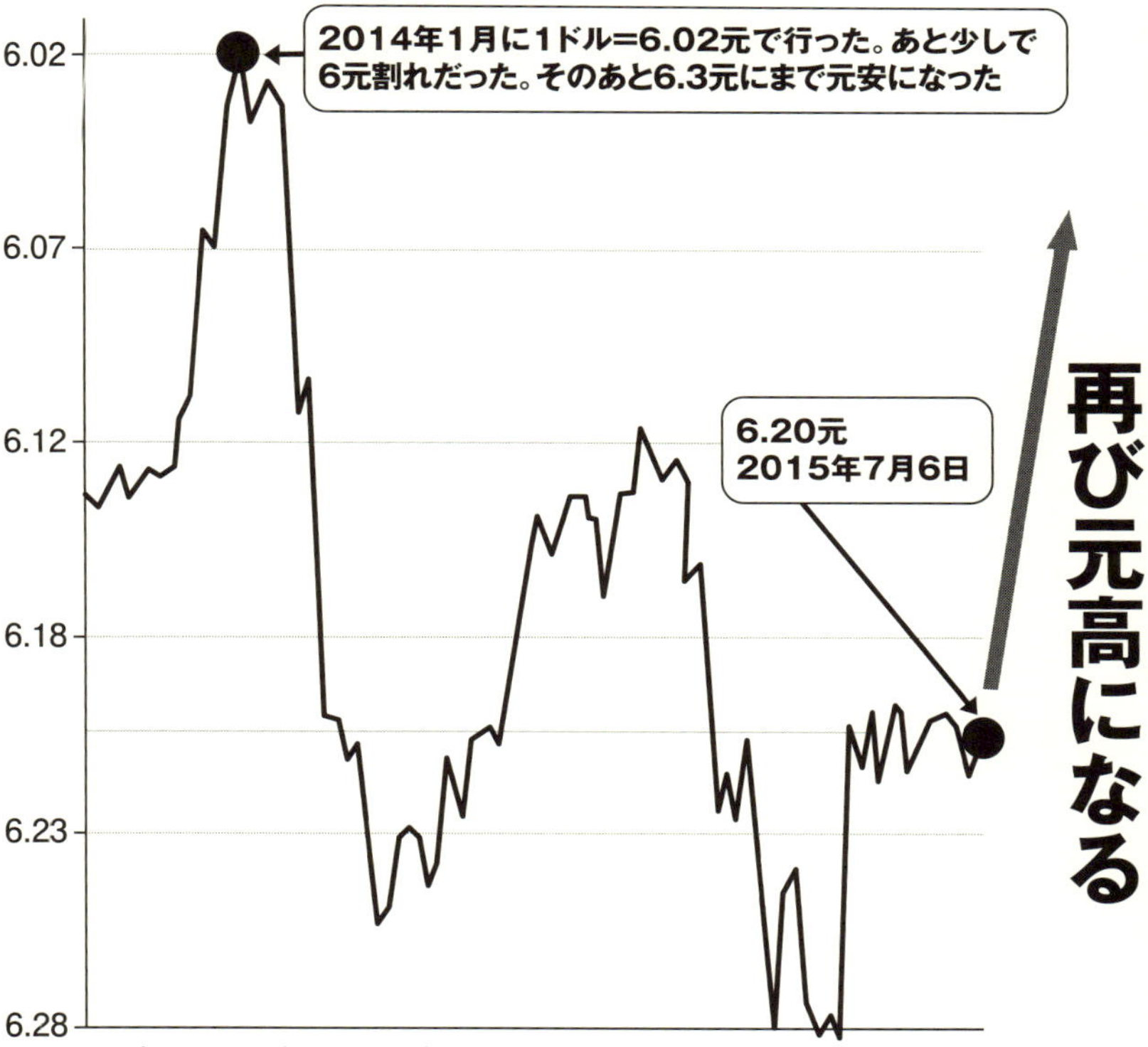

出典：サーチナ・ファイナンス

アメリカとしてはどんどん元高《げんだか》になってほしい。そうやって中国産品の世界中へのダンピング輸出（洪水輸出）が止まるのを期待するしかない。だから元高を誰も邪魔しない。

ガニスタンまでが地理学上のアジアである。旧大英インド帝国の版図《はんと》であった。

そしてアジアの新興国と途上国にとって切実に必要なインフラづくりの投資《インベスト》のために、どうしても必要な10兆ドル（1200兆円）の資金を、中国が音頭をとってつくると決めた。この1200兆円の資金をアジア諸国の熱望する国家プロジェクトの需要《デマンド》に応じて貸しつける。AIIBの設立で新興国、発展途上国はものすごく助《たす》かる。

AIIBの他に、BRICS《ブリックス》（新興5大国）銀行も動き出した。2015年7月7日にモスクワで第一回総会を開いて、年内にも営業を始める、とした。このBRICS銀行（中国、ロシア、インド、ブラジル、南アフリカ）の資本金は1000億ドル（12兆円）で5カ国が均等とする。これで世界中の途上国が金利が低くて安定した資金を借りることができる。BRICS銀行は、今の世界銀行《ワールドバンク》（本部、ワシントン）が潰《つぶ》れたときの後釜《あとがま》を狙っている。

この他に上海協力機構《シャンハイ・コウオペレイションオーガナイゼイン》（SCO《エスシーオウ》）というのも動き出していて、こっちは中国、ロシア、中央アジア諸国が中心の集団的安全保障の軍事協力機構になるらしい。

AIIBの創立、出現で、自分の顔に泥を塗られたかたちの世界銀行《ワールドバンク》とアジア開発銀行（ADB《エイデイビー》）。歴代総裁は7人とも日本の財務官僚）は、自分たちが、これまでどれほどアジア諸国、アフリカ諸国、南米諸国の貧しい国々に対して威張り腐って、ふんぞり返ってき

イギリスは中国と組んで「人民元を国際化する」

2014年6月、李克強首相が訪英した。イギリスはアメリカを捨てて中国のAIIB構想に参加するとこの時決めた。ロンドン・シティ金融街が生き延びるために。イギリスの裏切りに怒ったアメリカ財務官僚たちは、“Perfidious《パーフィディアス》 Albion《アルビオン》！”「この、ズル野郎の白《しろ》塗《ぬ》り仮面（のイギリス）め！」と罵《ののし》った。が、あとの祭りだった。

写真提供：代表撮影／ロイター／アフロ

たことか。途上国が渇望《かつぼう》する低利で安全な資金の供給を怠《おこた》ってきたのである。

今年の3月12日（この日、イギリスが突然、参加表明）から始まったＡＩＩＢ設立の大騒ぎで、「あんなもの（ＡＩＩＢ）に入らなくてもいいよ」と見得を切った国際金融畑《ばたけ》の金融官僚たち自身が青ざめている。これで自分たち自身が世界の金融界から捨てられて、外《はず》されてゆくのだから。6月末が加盟国の申請の締め切り日だった。日本の財務省も外務省も「入るべきだ」と態度を変えた。しかし安倍晋三と菅義偉《すがよしひで》官房長官の二人だけがどうしても首をたてに振らなかったという。中国としては、「門戸《もんこ》は開いてますから（アメリカも日本も）いつでもどうぞ」という態度だ。みっともないったらありゃしない。

「アジア投資銀、北京で設立協定署名式　7カ国が署名せず」

中国が主導する国際金融機関、アジアインフラ投資銀行（ＡＩＩＢ）の設立協定の署名式が6月29日午前、北京の人民大会堂で開かれた。創設メンバーとして参加を表明した57カ国のうち、フィリピンなど7カ国が今回、署名せず、運営を開始する年末までに対応を決める。中国は議決権の26・06％を握り、重要な案件で事実上の拒否権を持つ。

「一帯一路《ワンベルトワンルート》」で、中国とヨーロッパが陸路では16日、海路では36日でつながる

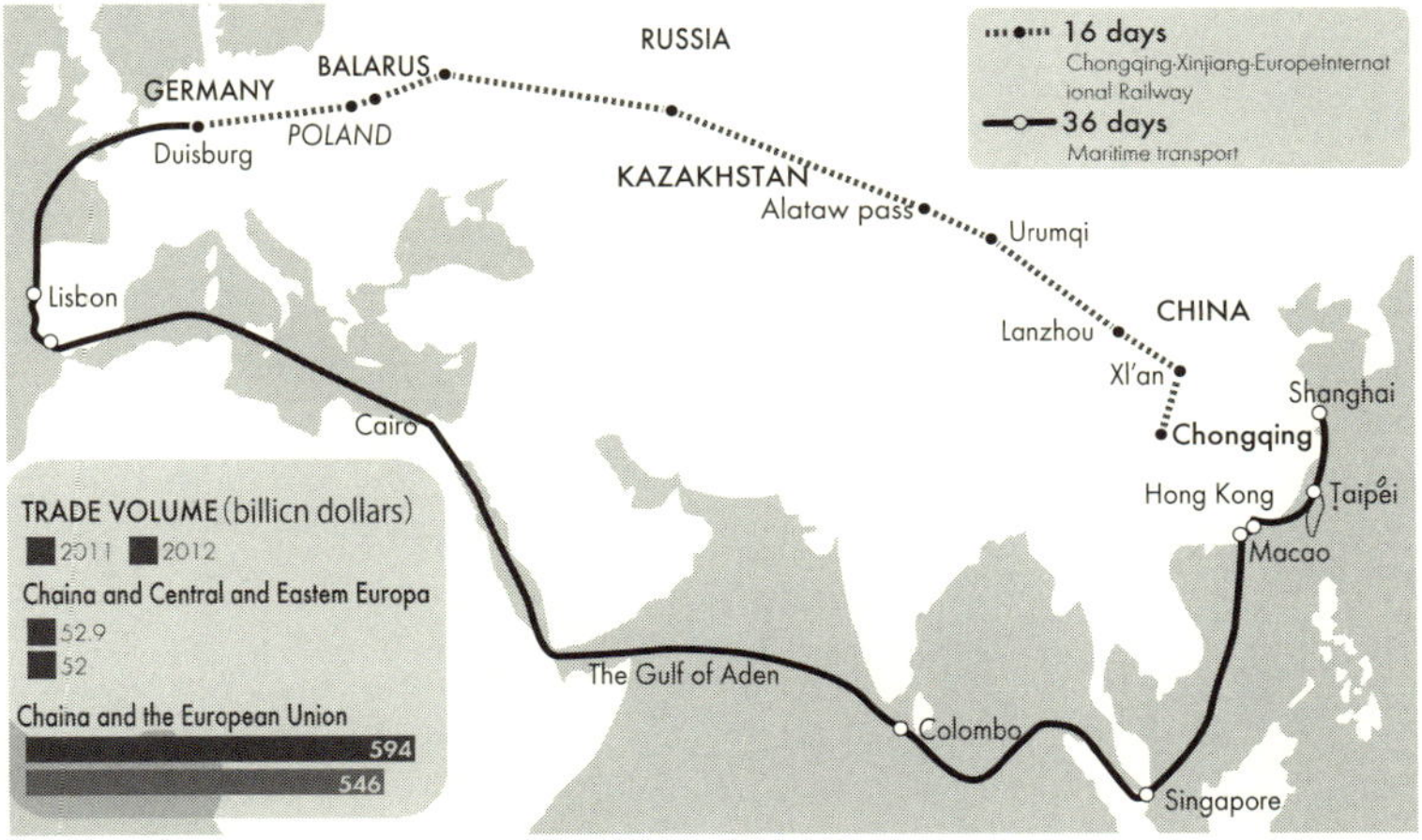

出典：China Daily（2014年3月29日）

「一帯（ワンベルト）」というのは、ただ一本の鉄道と幹線道路が引かれる、ということではない。それらに平行に何本も引かれるということだ。「一路（ワンルート）」は航路（海の路）を示している。この航路は南米諸国にもつながっている。やはり中国の世界戦略である。

昨秋、アジアの21カ国が設立に合意したＡＩＩＢはその後、英国など欧州勢が相次いで参加を表明し、創設メンバーは57カ国まで膨らんだ。米国と日本は参加を見送っている。今回、50カ国が設立協定に署名した。

（日経新聞　２０１５年6月29日）

いつまでも自分だけ意地を張っていると、世界の笑い者になる。アメリカさまに義理立《ぎりだ》てしていると、そのうちもっと孤立するだろう。一体、どこが中国は崩壊する、だ。ますます元気じゃないか。お金（資金力）の面での信用が何よりの信用の証《あかし》だ。個人も国家もこのことに変わりはない。銀行というのは金貸し業であり、それはまさに信用（クレディビリティ　credibility）の別名である。信用をなくしたらおしまいなのだ。

中国はアラブ世界とも連携していく

この本では、あとの第5章で中東《ミドル・イースト》のアラブ人（＝アラビア人）の世界のこともたくさん書く。

私がこの4月に中東アラブ世界を調査旅行した成果である。私たち日本人にもなじみ深い歴史的な大作映画である『アラビアのロレンス』（１９６２年制作）の世界から入って

ウィリアム王太子が初来日
（2015年2月26日～3月1日）
その後は中国へ行った

次のイギリス国王になるというお披露目である。父のチャールズ公はもうすぐ引退表明する。ウィリアム王太子 Crown《クラウン》 prince《プリンス》 がアメリカから離れると決心した。

天皇にご挨拶

写真提供：共同通信

ゆく。今から丁度100年前（1914年）のアラビア全体（＝アラブ人世界）で、一体何が起きていたのか、私は大きく解明した。本当に私は大きな謎解きの解明作業をやった。それを披露する。アラブ人を中心にイスラム教徒は世界で18億人いる。

トーマス・エドワード・ロレンス（1888〜1935年）という若い考古学者が、運命の糸で、第一次世界大戦に召応《しょうおう》してイギリス情報部の中佐となり（弱冠26歳）アラビア人（＝アラブ人）の真の親友となって、悲劇の人生を生きた。彼はアラブ人の中に深く入っていった。それまで400年間、オスマン・トルコ帝国の支配下にあったアラブ人 the Arabs《アラブス》は、第一次大戦の勃発をきっかけに独立闘争を開始した。裏からイギリスが軍事を支援すると約束した（「フセイン・マクマホン書簡」一九一五年）。ところが、最終局面でイギリスとフランスは裏切った。アラブ人の大きな団結と独立の大義《コウズ》をけがした。アラブ人たちのまじめな願いを踏みにじって、このあとアラビア世界を分割（自分たちで切り分け）したフランスとイギリスに大きな悪《あく》がある。

しかしそれ以上に悪いのがいた。1924年にネジド（リヤド）のサウド家が聖地メッカ（マッカ）を奪い取った。アラブ世界に大きな分裂を起こさせた。サウド（家《け》の）アラビアを背後から唆《そその》かして操《あやつ》ったのは、当時の新興大国であるアメリカ合衆国だった。そんなことも気づかない頓馬のイギリスとフランスよりもアメリカがより大きな悪であった。

AIIBとBRICS銀行はドル覇権の金融秩序（ブレトンウッズ体制）に手をかけた

アジア開発銀行
中尾武彦総裁

アジアインフラ投資銀行
金立群設立事務局長

アジア開銀ADB（本部、マニラ）を仕切っている日本の財務官僚たちは、さっさと腰砕けになってAIIBに「協力し合いましょう」とスリ寄った。もうどっちが上だかわからない。この金立群《きんりつぐん》と楼継偉《ろうけいい》財政部長（財務相）がこれからの主役だ。

これが一番大きな見方《みかた》からする現在の中東アラブ世界への理解だ。この大きな理解を日本人はできない（させてもらえない）ように長年仕組まれてきた。今回、私は中東アラブへの調査で、この巨大な真実にようやくのことで到達した。

この100年間（1914年、ＷＷⅠ《ダブリュウダブリュウワン》第一次大戦の勃発）の世界史の流れを大きく概観《アウトルック》すると、英と仏は威張り腐ったまま、アメリカにまんまとハメられたのだ。そして英も仏も独（ドイツ）も、ヨーロッパ全体がアメリカの属国《ぞっこく》にされていった。第一次と二次の大戦でヨーロッパ全土も焼け野が原になった。誰が真のワルか考えてみるがいい。

今、中国はアラブ世界（イスラム教徒の世界）とも連携しつつある。中国からアラブを通って、さらにアフリカにまで「一帯一路」の交通輸送のインフラをつくってゆく。

この本では、第4章で南シナ海の南沙諸島《スプラトリー・アイランズ》の問題についても書く。中国がこの海域の岩礁を埋め立てて人工島にする動きが今年の4月から騒がれた。中国の出張《でば》りに対して、私であっても、「そこまでは出るな（領土主張はするな）」と書く。ところがよくよく調べてみたら、中国と同じくフィリピンとベトナムとマレーシア（そして台湾）も、南沙諸島でそれぞれ小さな島や岩礁《リーフ》を実効《じっこう》支配している。4国とも簡単には引き下がらない。フィリピンとベトナムが一方的に被害者で、弱い者いじめにあっている、ということはない。こ

AIIB参加国一覧　AIIBが発表

（申請への承認がおりた日）

No	国名	加入
1	中華人民共和国	2014/10/24
2	カンボジア	2014/10/24
3	ラオス	2014/10/24
4	オマーン	2014/10/24
5	シンガポール	2014/10/24
6	ベトナム	2014/10/24
7	マレーシア	2014/10/24
8	インド	2014/10/24
9	モンゴル	2014/10/24
10	パキスタン	2014/10/24
11	スリランカ	2014/10/24
12	インドネシア	2014/10/24
13	バングラデシュ	2014/10/24
14	カザフスタン	2014/10/24
15	ミャンマー	2014/10/24
16	フィリピン	2014/10/24
17	タイ	2014/10/24
18	ブルネイ	2014/10/24
19	クウェート	2014/10/24
20	ネパール	2014/10/24
21	カタール	2014/10/24
22	ウズベキスタン	2014/10/24
23	モルディブ	2014/12/31
24	ニュージーランド	2015/1/4
25	サウジアラビア	2015/1/13
26	タジキスタン	2015/1/13
27	ヨルダン	2015/2/7
28	ルクセンブルク	2015/3/27
29	イギリス	2015/3/28

No	国名	加入
30	スイス	2015/3/28
31	ドイツ	2015/4/1
32	イタリア	2015/4/2
33	フランス	2015/4/2
34	イラン	2015/4/3
35	アラブ首長国連邦（UAE）	2015/4/3
36	マルタ共和国	2015/4/1
37	キルギスタン	2015/4/9
38	トルコ	2015/4/10
39	スペイン	2015/4/11
40	韓国	2015/4/11
41	オーストリア	2015/4/11
42	オランダ	2015/4/12
43	ブラジル	2015/4/12
44	フィンランド	2015/4/12
45	グルジア	2015/4/12
46	デンマーク	2015/4/12
47	オーストラリア	2015/4/13
48	エジプト	2015/4/14
49	ノルウェー	2015/4/14
50	ロシア	2015/4/14
51	スウェーデン	2015/4/15
52	イスラエル	2015/4/15
53	南アフリカ共和国	2015/4/15
54	アゼルバイジャン共和国	2015/4/15
55	アイスランド	2015/4/15
56	ポルトガル	2015/4/15
57	ポーランド	2015/4/15

[申請を脚下された」

北朝鮮　2015/2/??

[申請そのものを認めない。中国の一部だから]

台湾　2015/3/31

[申請そのものが消えた]

香港　2014/12/??

[主な不参加国]

1　アメリカ
2　日本
3　カナダ
4　メキシコ
5　ベルギー
6　アイルランド
7　ギリシャ
8　アフガニスタン

の点をあとで詳しく説明する。

フィリピンはこの領有権問題に対して国際仲裁《ちゅうさい》裁判所に調停《ちょうてい》を申し立てている。

事態は急に動いて、中国は6月16日に、「南沙諸島の（サンゴ礁の）埋め立て工事を（今年はこれで）終了する」と発表した。これ以上、アメリカを怒らせて関係を壊してはいけない、という譲歩の決断である。もう一つの理由は、台風が発生するシーズンに入ったからだ。この海域で発生したばかりの台風のエネルギーはものすごい。日本にくる頃はあれでも衰えているのだ。だから台風シーズンの工事を避ける。今年の分の南シナ海での領土問題は終わった。

この問題についても私は全面的、網羅的に第4章で説明する。とくに国際法（それは法慣習《カスタム》と条約の束《たば》のことだ）に基づく妥当な解釈を日本国民に伝える。

英語で書かれた「一帯一路」構想

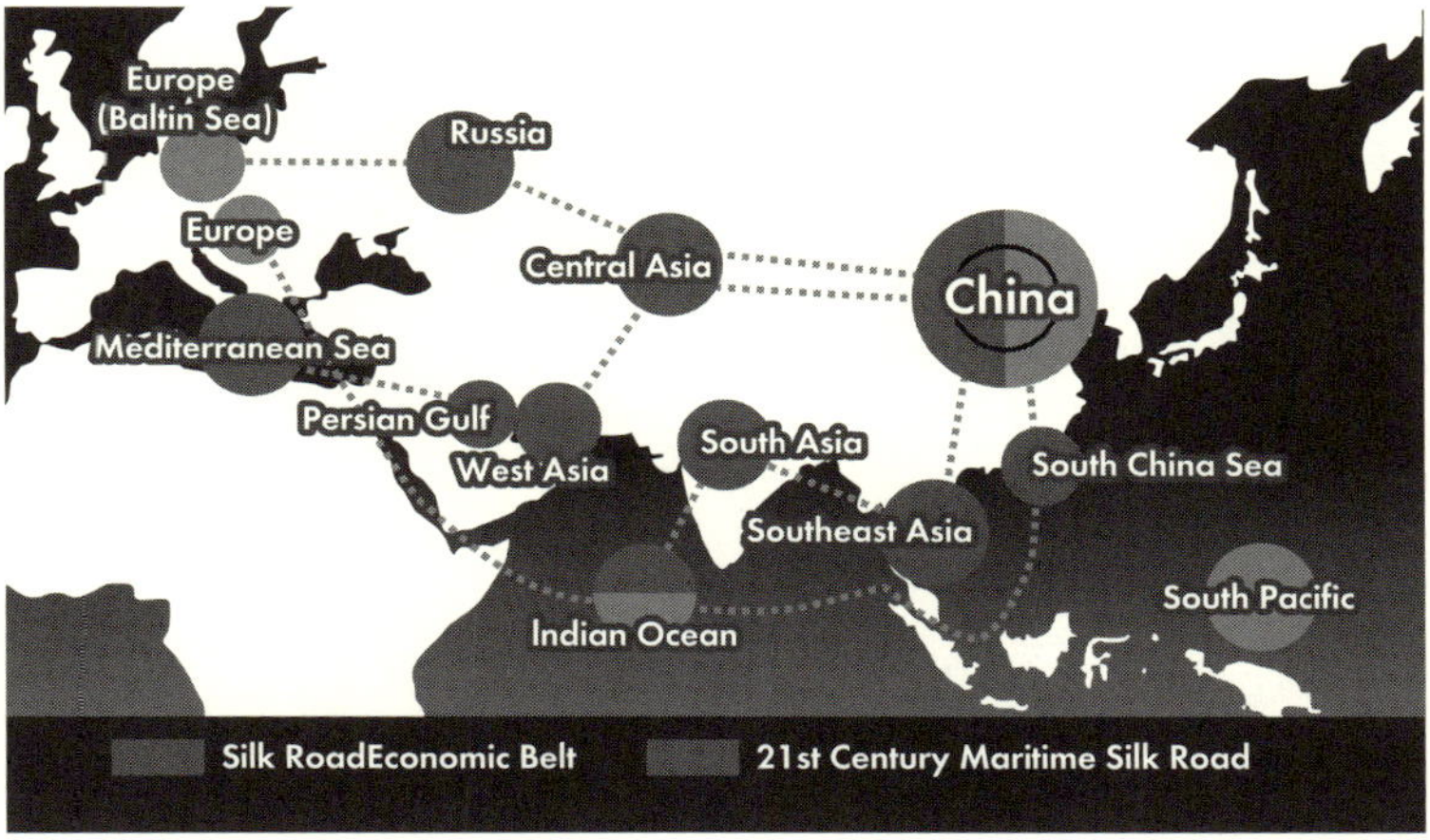

出典：Chainadialogue

陸地は「シルクロード（絹の道）・エコノミック（経済）・ベルト（帯）」となっている。海洋は、「21世紀のマリータイム（海の）・シルクロード（絹の道）」となっている。ところで絹の道という言葉は、ドイツのリヒトホーフェンという地理学者が1898年に唱えたらしいが、世界中の学者たちが知らない。日本のNHKが70年代に「シルクロード」という有名な中国探訪番組をつくったから生まれたのだ。「一帯一路《ワンベルトワンルート》」も正しくは、ワンベルト・ワンルートだろう。ルートなら航路を含む。

中国の幹部たちの腐敗問題

目下、中国では共産党の幹部たちの腐敗撲滅の闘争がまだ続いている。習近平は、この権力闘争を簡単には止《や》めようとはしない。そして何と、ついに、次の標的は、自分を育てくれた恩誼のある曽慶紅《そけいこう》にまで向かっている。

実は、中国人が怖いのは中国人である。中国人は中国人しか恐くない。中国人はユダヤ人やアメリカ人など怖くないそうである。

中国人は、アメリカの大学に留学して特権的な好遇を受けても、アメリカの手先にはならないそうである。「中国人（私たち）はみんなアメリカが嫌いです」とはっきりと言う。私がいくらズケズケ質問しても、「アメリカに取って代わる世界帝国《シージエデエグオ》になる」とまで言う者は少ない。が、それでもこの考えを自然と身につけている。人類の5000年の歴史（本当に5000年だ）の中で世界帝国をいくつもつくってきた自信と過去の実績がある。日本は「文明の周辺属国」であって、この運命から逃れられない。

以下に長々と載せる4つの新聞記事を読むだけで、中国で目下、激しく行われている「腐敗幹部たちを摘発する」という政治闘争の全体図がわかる。だからこのあと摘発されるの

無期懲役の判決を受ける周永康《しゅうえいこう》

彼は法輪功《ファールンゴン》などへの残虐な政治弾圧も行った人物として民衆から嫌われていた

2015年6月11日。天津市第１中級人民法院は収賄と職権乱用、国家機密漏洩の罪に問われた周永康政治局常務委員（党の序列９位）に対する判決公判を開き、無期懲役を言い渡した。併せて政治的権利の終身剥奪、個人財産の没収である。

周氏の妻子が､便宜をはかった見返りに計1億3000万元（26億円）相当の金品を受け取ったと認定した。周の「職権乱用による経済的損失」は14億8600万元（300億円）で、「国家と人民の利益に重大な損失をもたらした」と断じた。また６件の国家機密を漏洩したとした。

写真提供：China Central Television via REUTERS TV ／ロイター／アフロ

は、曽慶紅《そけいこう》である。上海閥＝石油閥のドンである江沢民《こうたくみん》に次ぐNo.2である。江沢民《チャオツーミン》は静かに死なせるだろうが、曽慶紅は許されないだろう。

「『腐敗親王《しんおう》』は誰だ　北京でささやかれる次の大虎」

2015年2月25日。この日は中国の内政上、重大な意味を持つ1日だった。一見、関係なさそうな出来事が同じ目的で始まった。それは習近平政治の激しさを物語っていた。

「徐才厚《じょさいこう》、周永康《しゅうえいこう》、令計画《れいけいかく》の次の大虎は誰だ?」。政治好きの北京っ子らが噂し合う話題は依然、反腐敗で次に誰が捕まるのか。中国で「大虎《おおとら》」とは討伐すべき大悪人という意味である。中国は情報統制の厳しい社会だ。だからこそ口コミが臆測を呼ぶ。

その代表が、共産党中央規律《きりつ》検査委員会が2月25日に発表した文章だった。同委は大物の反腐敗調査を担う司令塔である。習の信任が厚い最高指導部メンバー、王岐山《おうきざん》がトップを務める。

「清朝の〝裸官《らかん》〟慶親王《けいしんおう》の作風問題」。同委のホームページ上での発表後、多くの中国メディアが転載した文章は、清朝末期の王族で、中国史上初の内閣で総理大臣を務

2年後の2017年10月(党大会)にはトップ7人“チャイナ・セブン”から江沢民派は全て消える

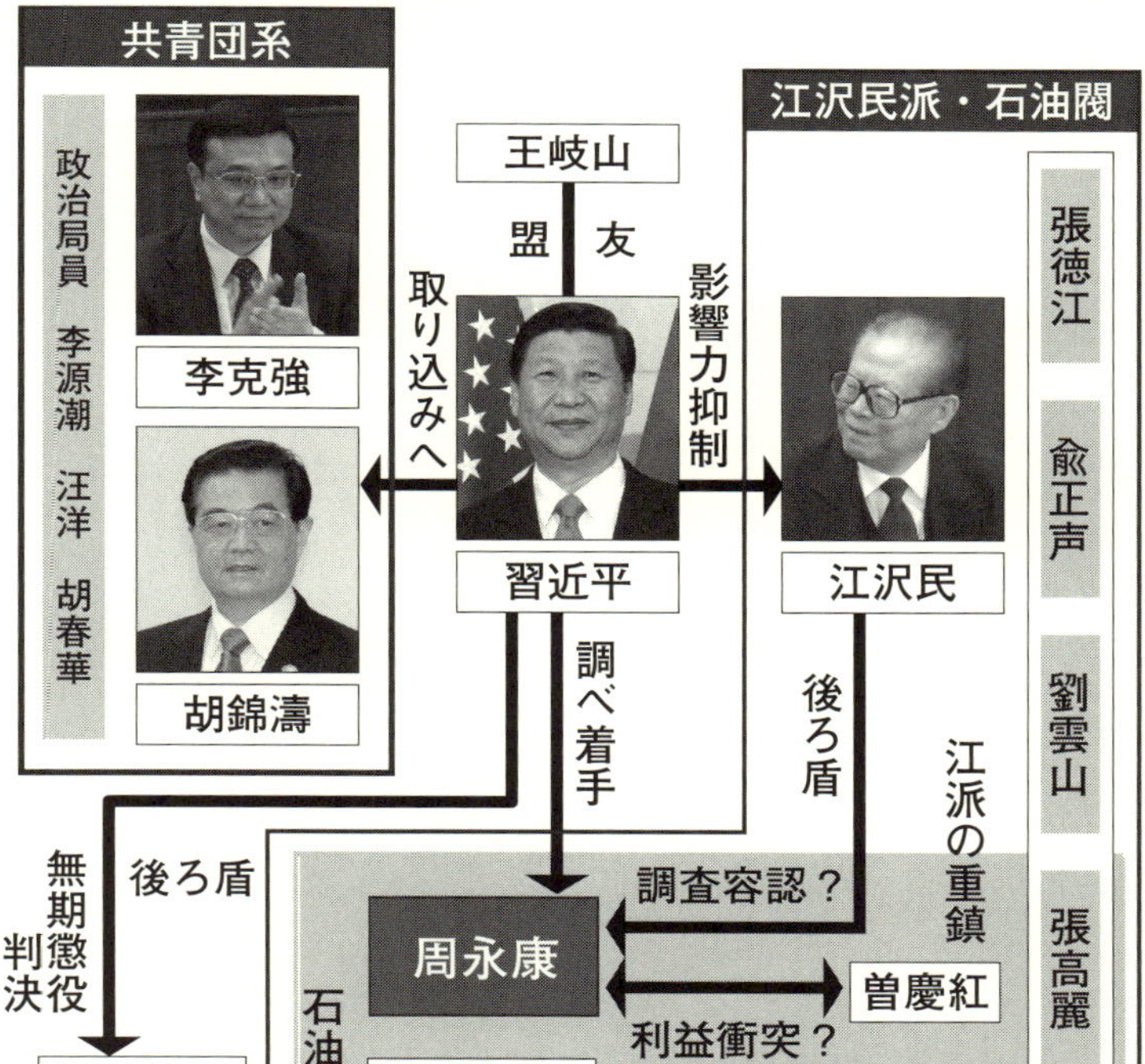

出典：朝日新聞（2014年3月7日）

曽慶紅

曽慶紅の父、曽山《そうざん》は1930年に江西《こうせい》省共産党の幹部たち（ソビエト派）を拷問にかけ残虐に殺した、政治警察の恐ろしい人物として中国人に知られている。私はこのことを石平《せきへい》氏の本から知った。『中国大虐殺史』（ビジネス社、2007年刊）である。

めた慶親王　愛新覚羅奕劻《えききょう》（1838～1917年）の仕事、生活ぶりを厳しく批判していた。（略）

「慶親王は、曽慶紅を指す」、「慶親王と曽慶紅に共通するのは『慶』の字。慶親王批判は曽慶紅への批判だ」「それなら、いよいよ江沢民も危ないのか」

75歳の曽慶紅は、政治局常務委員、国家副主席を勤めた大物である。江沢民の懐《ふところ》刀《がたな》として権勢をほしいままにし、実質的に上海閥を仕切っていた長老格である。父親は中央委員を務めた党幹部、曽山《そうざん》だ。曽慶紅は正統な「紅《こう》二代」であり、太子党の一員と言える。「紅二代」は、共産党高級幹部の子弟らで構成する太子党の中でも、1949年の共産革命に至る戦いに大きく貢献した老幹部の子らを指す。

（日経新聞　中沢真二の文　2015年6月24日）

このように次は曽慶紅たち上海閥＝石油閥との権力闘争が続いている。習近平自身が上海閥だったのである。そして習近平を育てて引き上げた人々が上海閥である。かつて厦門《アモイ》事件（1999年）という密輸事件があり、これの最高実行責任者が曽慶紅であった。そして習近平は、この大きなスキャンダルを隠し通すために福建省長や上海市党委書記《とういしょき》を務《つと》めた。

6月、7月の上海株式市場の激しい動き(急騰と急落)は、上海閥が自分たちの最後の力を振り絞って習近平と共青団系《きょうせいだんけい》(李克強ら)に立ち向かっているからだ。

「反腐敗は生きるか死ぬかの政治闘争だ」習主席

中国の習近平《シージンピン》国家主席が5月下旬の共産党の内部会議で、「反腐敗は生きるか死ぬかの政治闘争だ」と言及し、腐敗撲滅運動を継続する強い決意を示していたことがわかった。

党関係者が明らかにした。習政権は腐敗撲滅について「法治の徹底」の意義を強調してきた。「抵抗勢力」とみられる党長老らがけん制の動きを強めるのに対し、譲歩しない姿勢を示したとみられる。

習氏は会議で、腐敗摘発について「誰であろうと阻止することは出来ない」と強調。さらに、報道が「娯楽化」していると党中央宣伝部を批判した。摘発された幹部(引用者註。曽慶紅《そけいこう》氏と思われる)の愛人問題や風水師《ふうすいし》との関係などゴシップばかりに注目する一部メディアが、運動の「厳粛《げんしゅく》さ」を損なっていると不満を示した。

汚職摘発を指揮する党中央規律検査委員会《きりつけんさ》は、6月18日、スマートフォンのアプリを使い、動画などを添えて告発できる仕組みを作った。
江沢民《ジアンズォーミン》元国家主席を後ろ盾とした元最高指導部メンバーの周永康《ジョウヨンカン》・前党政治局常務委員に対する裁判手続きが進められた４～６月、中国メディアは胡錦濤《フージンタオ》前国家主席と温家宝《ウェンジアバオ》前首相ら、すでに引退した胡政権下の最高指導部メンバーによる地方訪問を伝えた。

現在、胡錦濤氏の側近だった令計画《れいけいかく》氏に対する調査が進められている。報道では、江派の重鎮である曽慶紅・元国家副主席や、前政治局常務委員の賀国強《がこくきょう》と賈慶林《かけいりん》の両氏の家族らの腐敗が伝えられている。

習氏は６月16日、貴州省遵義《じゅんぎ》を訪問した。１９３５年、毛沢東が共産党内での指導権を確立する端緒となったとされる「遵義《じゅんぎ》会議」の場所だ。訪問することで「毛沢東の故事にちなんで、腐敗をめぐる党の危機を訴えた」（中国筋）との指摘もある。習氏が今後の腐敗摘発で、毛沢東が採用した大衆動員運動を念頭に置いている。

河北省の避暑地・北戴河《ほくたいが》では今夏も、党幹部と長老が重要案件や人事の概要を固める恒例の「北戴河会議」が開かれる。習政権が２期目の指導部体制を決定する第19回党大会を２年後（２０１７年10月）に控え、今後の腐敗摘発の方向性を巡って駆け引きが活発化する。

（読売新聞　２０１５年６月25日）

習近平が南部の〝聖地〟遵義《じゅんぎ》に急に行ったことが重要である。「１９３５年、毛沢東が共産党内での指導権を確立」したのが、「遵義会議」（1月15日）である。毛沢東は、蔣介石の国民党の包囲網から脱出するために大長征《だいちょうせい》を始めた（１９３４年10月10日）。本当は必死に生き延びるための逃避行である。その途中で毛沢東が権力を握った。まだ上海に残っていた、中国共産党の中央委員会の周恩来たちは、都会出《で》の上品なインテリたちだった。彼らまでが「遵義《じゅんぎ》会議」での毛沢東に膝《ひざ》まづき屈服した。

何故か。それは毛沢東が、モスクワのコミンテルン（国際共産党）から派遣されていた、威張り腐って中国人をアゴで使っていたロシア人の政治委員《コミッサール》に向かって、「もう、これ以上あなたたちの言うことは聞かない。何がコミンテルンだ。このままでは私たちは全滅だ。私たち中国人は自分の力で生き延びてゆく」と大演説をしたからだ。

この時、毛沢東に天命《てんめい》が下ったのである。東アジアの伝統である、天命が下った者が新しい皇帝《ファンディ》となる。この毛沢東のソビエトからの離反、民族自立宣言こそは、本当の中国共産党の誕生だったのである。だから、それまで、毛沢東のことを「学歴のない田舎者」と小馬鹿にしていた北京、上海のインテリ幹部たちも全員が新しい「赤い皇帝」に忠誠を誓ったのである。習近平はこの毛沢東の神聖な創立宣言の地に自分自身の勝利を心から祈願しに行ったのだ。

「中国石油化工の総経理を調査　当局、汚職に関与か」

中国共産党の中央規律検査委員会は、4月27日、国有石油大手の中国石油化工《かこう》集団（SINOPEC シノペック・グループ）の王天普《おうてんふ》総経理（社長に相当）を「重大な規律違反と違法行為の疑い」で調査していると発表した。習近平指導部が進める反腐敗運動の一環とみられる。中国メディアによると、王氏は職権を乱用し、失脚した元最高指導部メンバーの周永康氏らに便宜を図っていた疑いがあるという。

これまで国有石油大手の不正を巡っては、周永康氏の出身母体である中国石油天然気集団（CNPC《ペトロチャイナ》、最大手）に対する摘発が中心だった。反腐敗運動の矛先が周辺の「石油閥」企業にも広がってきた形だ。中国石油化工《かこう》は、「ナンバー2」である王氏が当局の摘発を受け、今後の経営に悪影響が広がる可能性が大きい。

（日経新聞　2015年4月28日）

「中国国有石油3社、一斉にトップ交代　『石油閥』の監督強化」

中国石油化工集団（ＳＩＮＯＰＥＣ シノペック・グループ）など中国の国有石油大手３社は２０１５年５月４日、経営トップの董事長《とうじちょう》（会長に相当）が交代したと一斉に発表した。国有石油は共産党最高指導部メンバーだった周永康氏ら「石油閥」の牙城で、腐敗の温床となってきた。会社側は「定年のため」と説明しているが、党・政府は人事権を誇示し、経営の監督を強化する意向だ。

中国石油化工の新しい董事長には政府系研究機関、中国工程院の副院長だった王玉《おうぎょく》普《ふ》氏が就いた。中国石油天然気集団（ＣＮＰＣ《ペトロチャイナ》）董事長には、中国海洋石油総公司（ＣＮＯＯＣ《シノック》）董事長だった王宜林《おうぎりん》氏が回った。中国海洋石油《シノック》（引用者註。ここは、北京閥である共青団《きょうせいだん》系が強い）の董事長には総経理だった楊華《ようか》氏が昇格した。

中国では大手国有企業のトップは中央政府の要職と同様に扱われ、党中央が人事を決める慣例がある。習近平指導部は汚職摘発でいびつになった首脳・幹部職の人事を自ら正常化し、経営への統制を利かせる構えだ。

国有石油大手を巡っては、中国石油化工《シノペック》と中国石油天然気《ペトロチャイナ》が経営統合するとの噂が流れ、会社側が４月末に否定のコメントを出した。習指導部はトップ人事と並行し、大がかりな事業再編を探っている。（日経新聞　２０１５年５月４日）

中国人の権力闘争《パワーストラグル》はすさまじいものである。これほどの激しい内部抗争を起こしながら中国という国はこれからも進んでゆく。共産党の最高幹部たちまでを巻き込んで、数千人、数万人の要職にあった者たちが、ある日逮捕され裁判にかけられてゆく。幹部公務員たちへの死刑が当たり前のように行われている。

現在の上海株式市場の激しい動きも、この権力闘争（反腐敗撲滅運動）の露《あら》われのようだ。だから日本人で中国人を大キライだと罵る者たちがたくさんいるのだ。ゾッとするような血なまぐさい権力闘争を中国人がやるから日本人はそれには関わりたくない、と嫌悪《けんお》する。

第3章

「一帯一路」で世界は大きく動く

広大な砂漠でも、水さえあれば人は生きていける

私は2015年4月に、中東《ミドルイースト》アラブ諸国を調査してきた。まずイランの首都テヘランに行き、それからドバイとアブダビ（アラブ首長国連邦《エミレイツ》）に行って、いろいろと重要なことがわかった。聞いてビックリ見てビックリである。何事も現地に行って自分の目で見なければダメだ。ペルシャ湾岸の砂漠の海沿いの地帯に幹線道路《ハイウェイ》を延々と通し、その横に日本の「ゆりかもめ」そっくりの鉄道（メトロ）を通していた。その沿線にずらっと40階、50階建てのビルを2000棟ぐらいつくっていた。

北のほうに位置するドバイと、南のアブダビはやがてつながるだろう。その距離は150キロである。いまビル街は、ドバイの中心地から30キロぐらいのところまできている。あと10年経つとメトロのわきを高速鉄道（新幹線のこと）も通るだろう。アブダビから1000キロぐらいのところに、サウジアラビアの首都リヤドがある。ゆくゆくはそこまで高速鉄道を通すだろう。78〜79ページの地図からわかるとおり、さらにペルシャ湾岸沿いを北上してクウェートまで到達する。そしてそこからイラクの首都バグダッドまで鉄道を通す計画がある。バグダッドから北上して、トルコ（小アジア半島。アナトリア）の首都

アンカラに至りつく。そして西方に向かってイスタンブール（かつての大都コンスタンチノープル）まで通る。そこからは大英帝国時代の「オリエント急行」の再来、再興である。ハンガリーのブダペスト、そこからオーストリアの都ウィーンへとつながる。そしてベルリンへ。この大鉄道網は、中国の「一帯一路《いったいいちろ》」構想と連動する動きである。

ここで、私が自分の頭と体で強く実感としてわかったことがある。それは広大な砂漠を緑の都市に変えることが本当にできるだろう、ということだ。

私は、自分の中国本の3冊目『あと5年で中国が世界を制覇する』（２００９年）、４冊目『中国は世界恐慌を乗り越える』（２０１２年）、そして5冊目『それでも中国は巨大な成長を続ける』（２０１３年）を書いた。私がこれらの本で予言した通り、ユーラシア大陸の心臓部がこれから大開発される。

広大なタクラマカン砂漠や内モンゴルの首都であるフフホト周辺などは半分砂漠のままである。けれども、それでもなんとか草が生えていて羊が飼える。そういう土地が延々広がっている。私はこれらの地域を自分の目で見てきた。ここに、水さえあれば、人間と動物は生きてゆける。夏の高温の45度でも人間は生きてゆける。水さえあれば。巨大なタクラマカン砂漠（タリム盆地の岩石砂漠）であっても、すべて人間が住めるようになる。

ドバイ、アブダビでは、海水の真水化（淡水化）プラントがものすごい勢いで動いてい

全体の地図

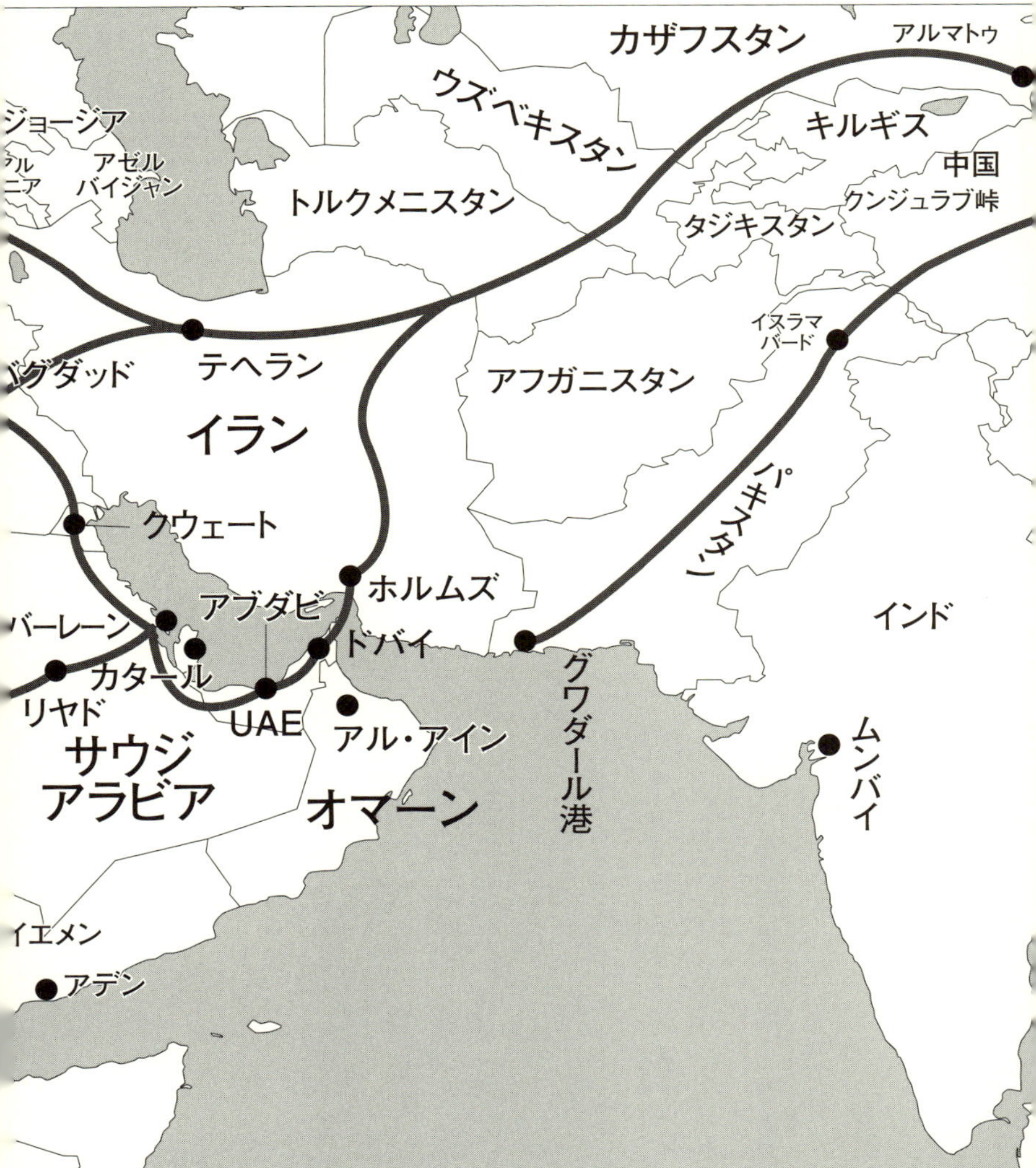

（ミドルイースト）そしてアフリカまでつながってゆく

中東アラブ世界の

やがて中国の「一帯一路」の幹線道路と鉄道網が中東

た。すべて日本の技術である。ものすごいものだ。真水（淡水）をつくるためには、電力さえあればいい。日本の東レや栗田工業、荏原《えばら》、日立、クボタ、日東紡、東洋紡などの水処理企業の技術によって、海水を真水化できる。しかも現に何千万トンもの水が、中東アラブ世界でつくられている。そして数千万人の人間に必要な水をまかなっている。このことを私は見て知った。だから水さえあれば、海水や汚水から真水さえ製造できれば、砂漠でも人は生きてゆける。砂漠を炎熱地獄のように言うけれども、そこで人間が住んで生きていけるのだ。

行ってみてわかったが、中東アラブ諸国は、冬11月から春の4月までは温度が20度ぐらいだから非常に快適である。夏は気温が40度以上になり本当に暑いと思う。みなクーラーのあるすずしい建物の中に逃げ込んで暮らしている。外国の移民労働者たちは炎天下でも建設工事をしている。夜は冷えるだろうが、零下（氷点下）になることはない。内陸部の砂漠の夜はかなり冷え込むようである。

日本企業の海水の真水化プラント

電力と水さえあれば都市をつくって樹木を生やして生きていける。その貴重な水を、こ

ウルムチの都市

（著者撮影●●年●月）

新疆ウイグル自治区は広大なタクラマカン砂漠そのものの上にある。その南側はもうヒマラヤ山脈であり高地のチベット（自治区）である。“首都”のウルムチを私は2010年に調査した。大都市になっている。岩石砂漠の中の大都市である。09年7月のウイグル族の暴動の跡を調査した。

の30年間ぐらいで、日本の真水化プラントの技術でアラブ世界は確保したということである。これからの世界を考える上でこの事実は重要である。

現在では広く知られているが、すべては東レの逆浸透膜《ぎゃくしんとうまく》という、材料《ざいりょう》工学の成果である。他の日本企業もすべてこの東レの真水化の特許技術を買って使っているようだ。

驚くべきことに、近代都市の汚水の処理技術で２００年は先を行っている先輩であるフランス（ヴィベンディ社）やベルギー（ＧＤＦ《ジエデエフ》スエズ社）が、真水化プラントではまったく日本企業に立ち遅れている。東レは、イラク戦争（２００３~２０１２年）のさ中《なか》に、イラク南部のバスラで巨大な海水真水化プラントを動かした。それを航空自衛隊の輸送機が、イラク各地の米軍基地に運んだ。

砂漠では水がなければ何もできない。水ほど貴重なものはない。この「東レのバスラでの真水づくり」は日本国内ではほとんど知られていない。

独走態勢の東レの膜法《まくほう》（ＲＯ《アールオウ》）と対決するように、旧来の蒸発法《じょうはつほう》（ＭＥＤ《エムイーディ》）を開発実用化しているのが日立造船である。日立造船自身が次のように広報している。

日立造船は１９７０年代から海水淡水化技術の研究開発に取り組んでおり、その優れた技術で、世界中で40基以上（１００万㎥／日以上）の海水淡水化プラントをお客

中東諸国にどんどんつくられている海水の真水化プラントの概観

日立造船のもの
海水淡水化プラント（オマーン）
竣工：2003年
造水能力：31,300㎥／日×3基

砂漠の向こうに見えるのは海である。海岸線の近くにこれらの真水化プラントがつくられている。必要な電力は豊富な石油と天然ガスを燃やして火力発電所でつくる。一体どれほどのエネルギーの在庫があってどこまで、いつまで砂漠を緑の沃野に変えられるのか、は、私はまだ算出（シミュレーション）していない。

様に提供してまいりました。

海水淡水化技術は多段フラッシュ法（MSF）や多重効用法（MED）に代表される蒸発法と、逆浸透法《ぎゃくしんとうほう》（RO）に代表される膜法《まくほう》があります。日立造船は、そのすべてに対応しており、お客様の要求とそれぞれの技術の長所を考慮した最適なシステムを提案することができます。蒸発法と膜法にはそれぞれ長所があります。しかし原《げん》海水の水質悪化に強く、運転保守が容易な蒸発法は、湾岸諸国を中心に広く使用されています。

中でも、MEDは設備コストが安く、高熱効率、更には電力消費量が少ないことから、その市場を大きく伸ばしています。日立造船は、豊富な経験と総合エンジニアリング力に加え、最先端の研究開発によりあらゆる要望に応じたMED《エムイーディ》をお客様に提供いたします。

（日立造船広報室　HPから）

左ページに東レの逆《ぎゃく》浸透膜という真水だけをろ過する材料《ざいりょう》技術の膜法《まくほう》（RO）の製品を載せた。東レが合成樹脂や繊維業から始まって世界的大企業に成長した理由がここにある。

先駆者、東レの偉大なる海水淡水化装置

逆浸透膜(RO)を使った海水の浄化

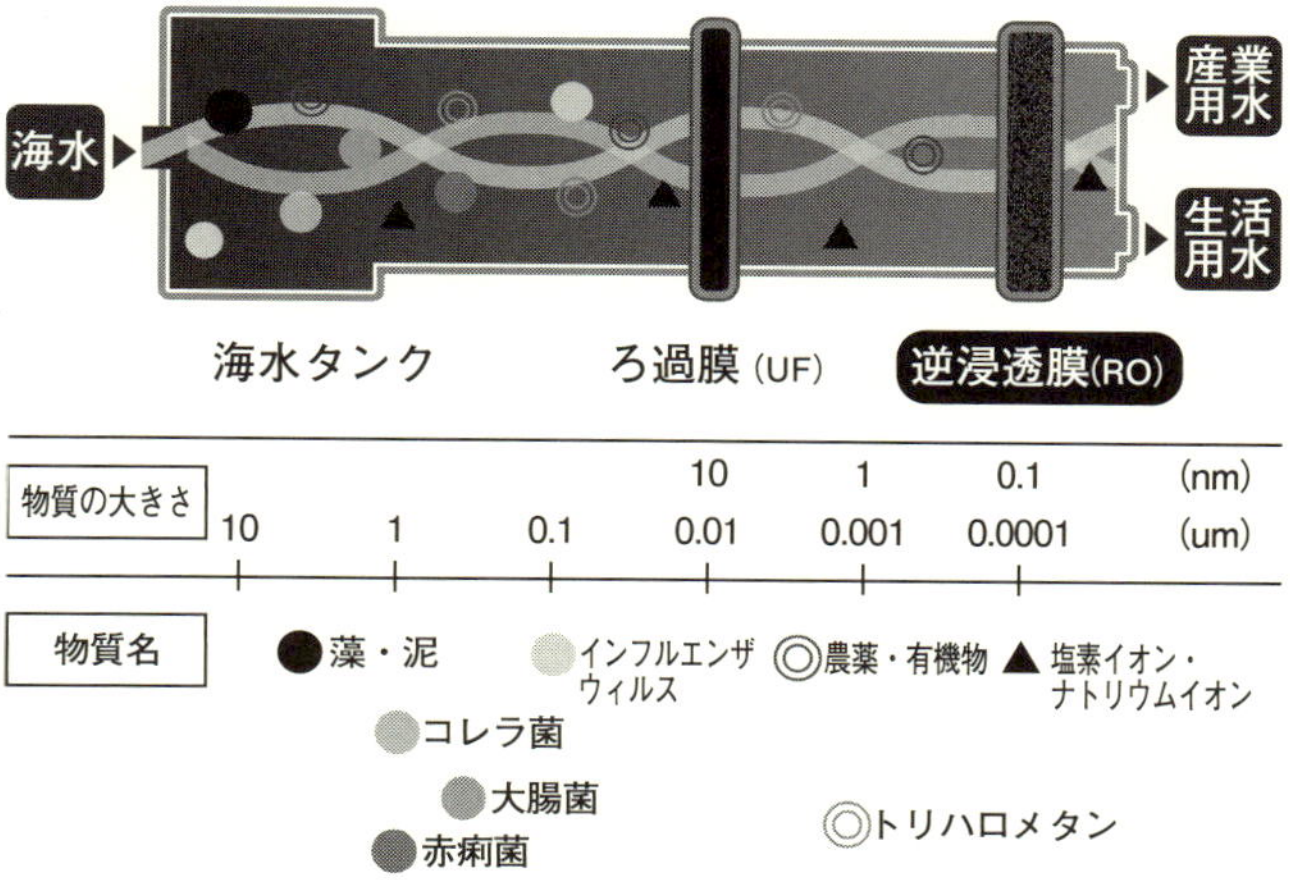

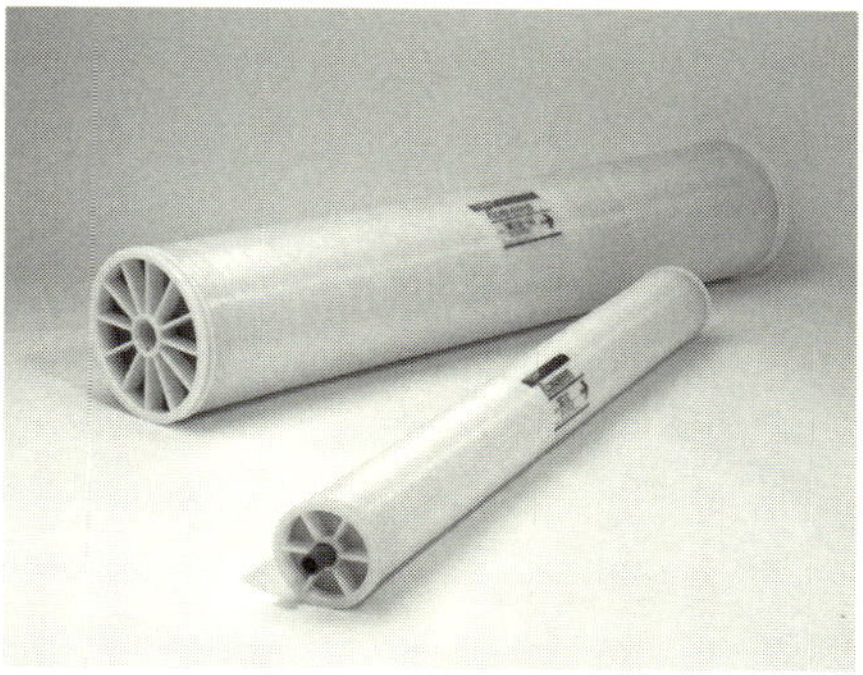

東レ　海水淡水化

従来、海水淡水化は、海水を蒸発させて塩分を取り除く蒸発法によって行われてきました。しかし、これでは大量のエネルギーを消費してしまい、環境破壊の原因に。そこで東レは海水を蒸発させず塩素イオンを除去できる逆浸透《ぎゃくしんとう》膜《まく》をいち早く開発し、地球にやさしい海水淡水化装置を完成させました。（東レHPから）

中国が打ち出した大きな世界戦略「一帯一路」

中東アラブ諸国に近い気候条件は、中国のタクラマカン砂漠である。私は両方に行ったから肌でわかる。両方とも砂漠地帯である。広大なタクラマカン砂漠のある新疆《しんきょう》ウイグル自治区全体の首都（中心都市）であるウルムチである。この烏魯木斉《ウルムチ》には2010年に行った。

現在の中国の一番大きな構想が、今年2015年3月に発表された「新シルクロード構想」とも言う「一帯一路」（ワンベルト・ワンロード）である。「ワンベルト」とはひとつのベルトの帯《おび》だから、ただの道ではなくて帯状になっている。線が幅のある帯になっている。すなわち、平行して数十キロおきに何本も幹線道路《ハイウエイ》や鉄道を引くということだ。

中国の大都市からカザフスタン国を通って、ロシアに抜けて、モスクワを通ってベルリンまで行くのである。この構想でドイツのメルケル首相と中国の習近平が合意している。これにロシアのプーチンが加わる。P55の図ではベルリンを通り越した工業都市デュッセルドルフまでとなっている。

左ページ（P87）の中国中央テレビ（電視台）が発表した地図が一番簡潔だ。

中国の「一帯一路」構想のイメージ図

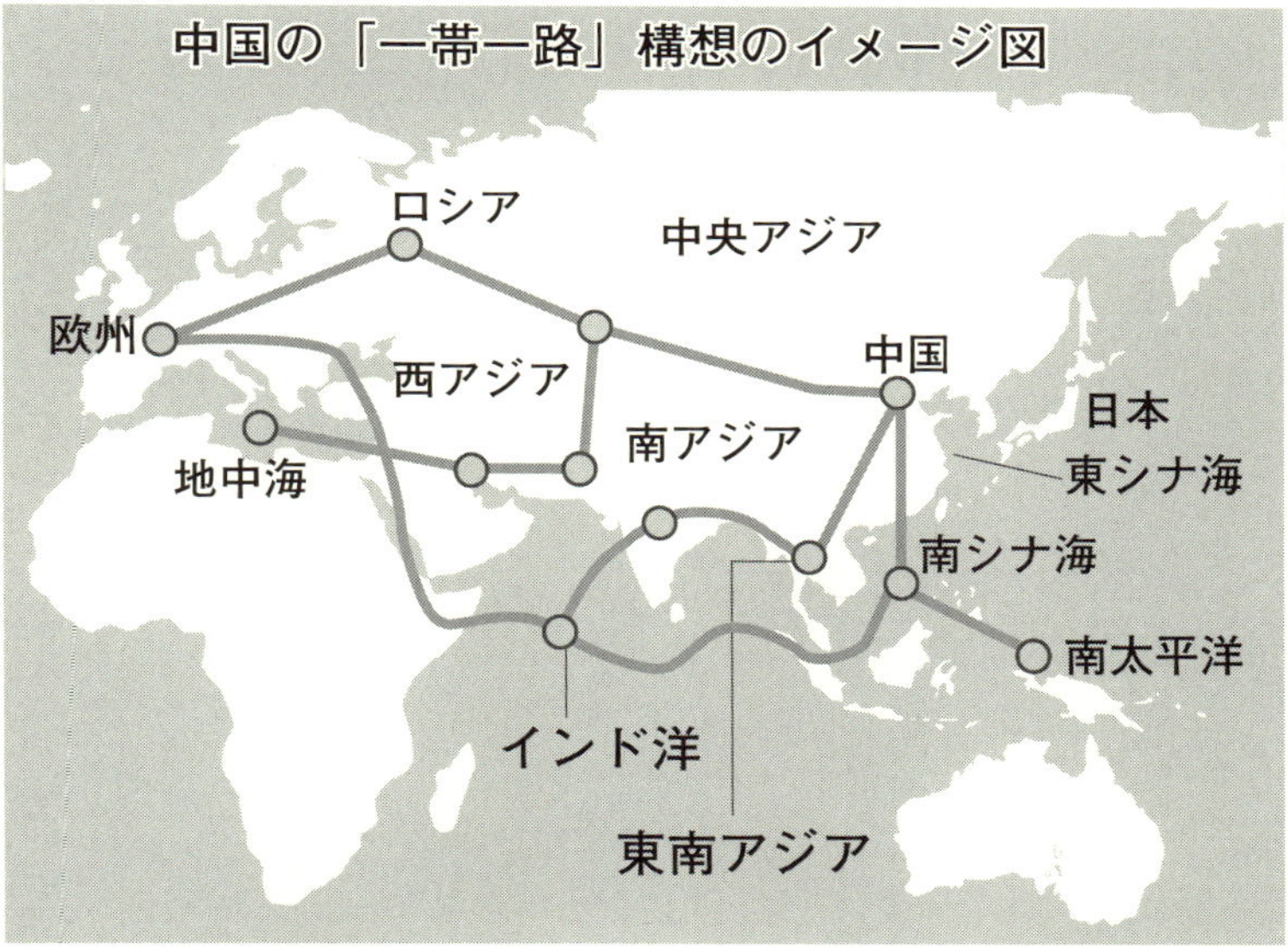

中国中央テレビが発表したもの

　この世界地図をよく見ると、インド洋上と南沙諸島（スプラトリー・アイランズ）とインドネシアのニューギニア北、それからインド洋上に中継拠点リレイ・ステイション（relay station）がある。どう考えても海の上であるインド洋上とニューギニアの北は、巨大な浮体《ふたい》構造物（メガフロート）を建設して港代わりにするようだ。公海（オープン・シー）上に貿易基地をつくるのである。

この地図の「海のシルクロード」の航路は、北京を出発して香港までずっと南に下って、南シナ海の海上の拠点（これはまさしく南沙《なんさ》諸島である）を経て、マラッカ海峡を通っている。そしてインド洋上の拠点にたどりつく。このインド洋上の拠点には島はない。ということは巨大な人工の浮き島をつくる計画だ。この人工の浮き島は、浮体《ふたい》構造物（メガフロート mega float）だろう。たて横5キロメートルぐらいの巨大な鋼鉄製の人工島だ。数千人の人間が住めるだろう。ここからアラブ諸国の湾岸の紅海《こうかい》を通ってスエズ運河を渡る。そして地中海からヨーロッパにまで行くという海の道だ。すでに中国は財政破綻したギリシャ政府から主な港湾運営利権（ポート・オーソリティ）を買っている。その代金がギリシャ人への金融支援だ。

同じく中国の内陸部も水さえ確保さえできれば、人間が住める。タクラマカン砂漠の中に50キロおきぐらいに、一個ずつ人口１００万人の都市を10個ぐらいつくればいい。中国には人口16億人（本当に17億人になりつつある）のうち8億人の農民がいる。都市部に5億人の恵まれない若い人たちがいる。**彼らに職を与えないといけない。**なんとしても職のための需要（デマンド）をつくらないといけない。ケインズ経済学でいう「有効需要《イフェクティブデマンド》の創造《クリエイション》」だ。

消費（C、コンサンプション）というのは＝消費的需要という意味だ。人間が食べ物を

AIIBの主な参加国の出資額

資本金総額は1000億ドル（12兆円）、参加国57カ国

域内メンバー		順位
中国	297億ドル	(1)
インド	83億ドル	(2)
ロシア	65億ドル	(3)
韓国	37億ドル	(5)
オーストラリア	36億ドル	(6)
インドネシア	33億ドル	(8)
トルコ	26億ドル	
サウジアラビア	25億ドル	
イラン	15億ドル	
タイ	14億ドル	

域外メンバー		順位
ドイツ	44億ドル	(4)
フランス	33億ドル	(7)
ブラジル	31億ドル	(9)
イギリス	30億ドル	(10)
イタリア	25億ドル	
スペイン	17億ドル	
オランダ	10億ドル	
ポーランド	8億ドル	
スイス	7億ドル	
エジプト	6億ドル	

何故アジア地域外の域外メンバーが参加者になったかと言えば、先進国にある余剰の資金を生かして使えるからだ。それと発言権の確保である。

食べ、衣服を着、住居を手に入れるということだ。偉大なるケインズ経済学の大方《だい》程式は、

Y＝C＋Iである。

Y（国民所得《ナショナル・インカム》、GDP）＝C（消費《コンサンプション》）＋I（投資《インベストメント》）である。

このCとIを合計したものがYである。Cの他は、投資（インベストメント）である。これは＝投資的需要である。生産的需要である。工場を建て商店街をつくることだ。このCとIの二つの需要をつくり出せば、Y（国民所得）が増大する。そのために、中国の内陸部の広大な土地を大開発をする。中国にこれまであった西部大開発《シーブーダーカイファ》の政策を推し進めた、その次にくるものが今回の「一帯一路」である。

ロシアとケンカをせず、インドとも「一帯一路」での話し合いをしながら、中央アジア、アラブ世界を通ってヨーロッパにまで直通する、地球規模の輸送路をという大きな構想で中国は生きている。そうすれば現在かかっている高い輸送費、運賃、交通費を、3分の1に減らすことができる。

これはユーラシア大陸の内陸部に、巨大な需要（デマンド）をつくるということだ。ドーンと長距離を突き抜ける縦貫《じゅうかん》道路の威力は私たちも知っている。これで**新たに10億人分**

4つの国が主張する南シナ海の海域

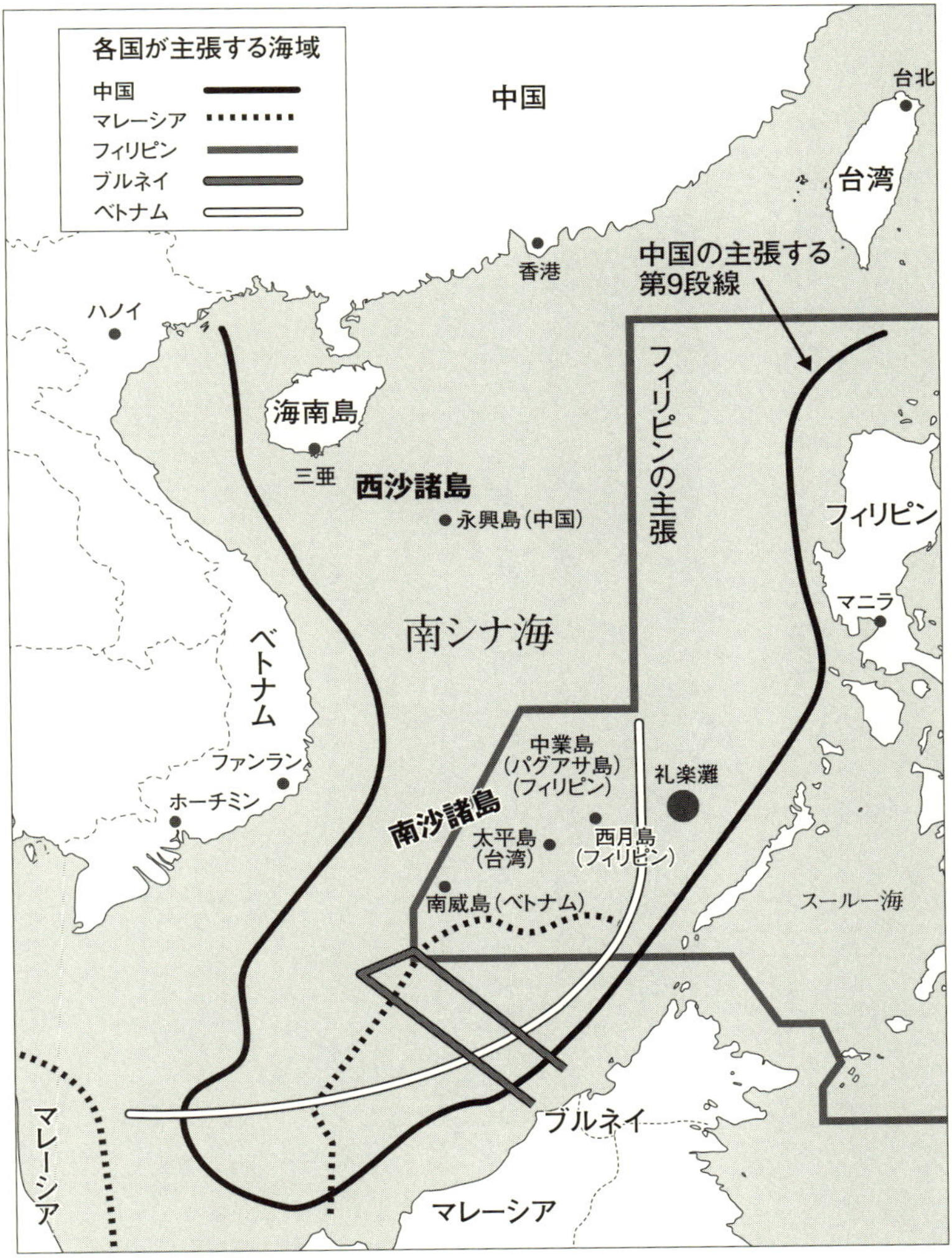

別の地図を第4章にたくさん示す

の消費と投資を生み出すことになる。この新たに増える10億人には中国人（漢民族）だけでなく、すべてのアジア人種が入る。「一帯一路」で、新しく10億人の人間に職を与えることができれば、中国は生き延びることができる。今の繁栄を続けることができる。反対に、これができないと、失業者が増えて中国全土で暴動が起きて、北京の共産党政権は倒れる。だから中国としてもやらなければいけない。新たに10億人が生きてゆける世界をつくる、ということは、**人口１００万人の都市を１０００個、ユーラシア大陸の中央（部）一帯につくる**ということだ。

日本の人口は１・２億人だから、日本全土に１００万人の大都市が１２０個ある、という勘定だ。10億人というのは、これが１０００個これから必要だ、ということである。これは壮大な人類の大実験である。私たちが向かうべき人類の未来の姿である。これほどの大きな発想は、小さな日本列島に立て籠《こも》って他人の悪口ばかり言っている、せせこましい人間たちの頭からは出てこない。

中国は、戦争をしない。する必要がない

「一帯一路」構想は、もう日本やアメリカなんか相手にしていない。日本やアメリカを相

手に喧嘩をしたくない。喧嘩（戦争）なんかしているヒマはない。アメリカがけしかけてくる戦争に巻き込まれなければいい、と中国はよくわかっている。挑発にのって戦争をするのは愚かなことだと、中国人はわかっている。日本人の多くは中国が挑発してくると思っている。中国は、巨大な内陸部（ユーラシア大陸）に、新たに10億人分の市場と職、すなわち需要をつくればいい、と考えている。これがまさしく勃発するユーラシアの時代（本書のタイトル）だ。

２０１４年（去年）の7月から9月にかけて、習近平は一所懸命に、何回も「中国は戦争はしない」と機会をとらえて演説した。このことは、「中国は北朝鮮を武力攻撃することはしない」という宣言を出した、ということだ。何があっても戦争をしない、と。「帝国といえども戦争をしたら滅びるのだ」と習近平は、共産党の幹部たち向けの学習会で真剣に学んでわかったのだ。過去の歴史から学んだ。非常に賢い戦略である。だから日本やアメリカがちょっとくらいけしかけても中国は戦争をしない。

このことが一帯一路構想の一番重要な隠された思想であり、私はようやくわかった。後述するように、南シナ海の領有権問題で、中国は少々やりすぎている。南シナ海まで出張《でば》って行ってフィリピンとベトナムとマレーシアに嫌われながら、南沙諸島の岩礁を、周りの砂をすくい上げて、そこに飛行場までつくろうとしている。今年の分の工事は終わ

った と、撤収を発表した（6月16日）。台風シーズンがくる前に工事を終了した。3月時点での朝日新聞の記事を載せる。

「中国の南沙諸島埋め立て、計7カ所に　6階建ての施設も」

中国が南シナ海の南沙（スプラトリー）諸島で埋め立てを進めている問題で、6階建てほどの大規模な施設の建設や新たな場所での埋め立てがわかった。これに対してフィリピン政府が警戒を強めている。同政府は3月18日までに、常設仲裁裁判所（オランダのハーグ）（引用者加筆。国際司法裁判ＩＣＪ《アイシージェイ》の一部である）に約3千ページの追加の証拠書類を提出して、法による解決を訴えた。

フィリピン軍が、この1～2月に撮影し、今月、議会関係者に配布された南沙・ガベン岩礁やクアテロン岩礁の写真には、複数のクレーンがたち並び、地上6階建てほどの大型施設の建設が進んでいる様子が写されていた。埋め立てはこれまでに確認された5カ所のほか、ミスチーフ礁とスビ礁の2カ所でも新たに発覚した。人工島の面積は計約100ヘクタールに及ぶという。

フィリピン政府は、「我々は民主的、平和的な解決手法を貫く」（コロマ大統領府報道官）として、自国の主張を裏付ける地図などの追加資料を、常設仲裁裁判所に提出した。裁判所は審理を進める意向だ。しかし中国が参加を拒否しており（引用者註。仲裁の場合は相手方の参加も条件となる）、仲裁手続きは難航している。

フィリピン側のこうした動きに対し、中国の王毅《おうき》（ワンイー）外相（外交部長）は、3月8日、「自国の（領土の）島で必要な建設を行うことは法にかなっている」、「自宅の敷地内での工事に人からあれこれ言われる筋合いはない」などと反論した。一方で「南シナ海の航行の自由は守り、直接対話を通じて紛争を平和的に解決する」とも強調した。こうすることで、周辺国の懸念をかわす構えも見せている。

（朝日新聞　2015年3月18日）

中国はサンゴ礁（岩礁《リーフ》）を壊しながら、まわりの砂を寄せ集めて陸地をつくり、その土地に人間が住める施設まで建てようとしている。こうなると、フィリピン海軍及び、米第七艦隊《ザ・セブンス・フリゲート》に雇われているフィリピン人水兵たちを怒らせ、中国にぶつかる。軍事衝突（ミリタリー・コンフラグレイション）することになるだろう。ところがフィリピン国内の反《はん》共右翼《きょう》軍人たちが、激高《げっこう》して街頭で演説しているニュース報道を私はこれまで見ていない。フィリピン国民は音無しの構えだ。私がテレビニュースを見ていたら、中国が埋め立てをしている岩礁から5キロぐらいの島のフィリピン住民（パグアサ島だろう。後述する）たちが、テレビのカメラの前で「中国は困ったことをする」と非難していた程度だ。

いまの大統領のベニグノ・アキノ3世（通称〝ノイノイ〟・アキノ）は、中国とうまく関係を続けてゆこうとしている。去年起きた、バナナなどを中国に買ってもらえなくて輸出が打撃を受けることをフリピン国民は恐れている。ベトナムも同じ対応だ。中国のやり方を嫌いながらも戦争はいけない、とよくわかっている。

韓国もこのことがわかっている。韓国の朴槿恵政権も、韓国の国民総生産の2割ぐらいをつくっているのが電子企業のサムスンである。サムスンを中心に、これから先、中国とユーロアジア全体で韓国製品を売っていくという計画である。アメリカやヨーロッパにだけ頼って生きてゆこうとしていない。韓国は徐々に中国寄りに動いている。そのことをアメリカや日本の反共右翼（代表、産経新聞）が勘《かん》づくものだから、だから憎たらしい韓国のパククネを痛めつけてやれ、となる。

実は日本が一番世間《せけん》（世界）知らずで危ない。南沙諸島《スプラトリーアイランズ》問題についてはこのあと第4章で徹底的に扱う。

インドと中国の国境線の様子

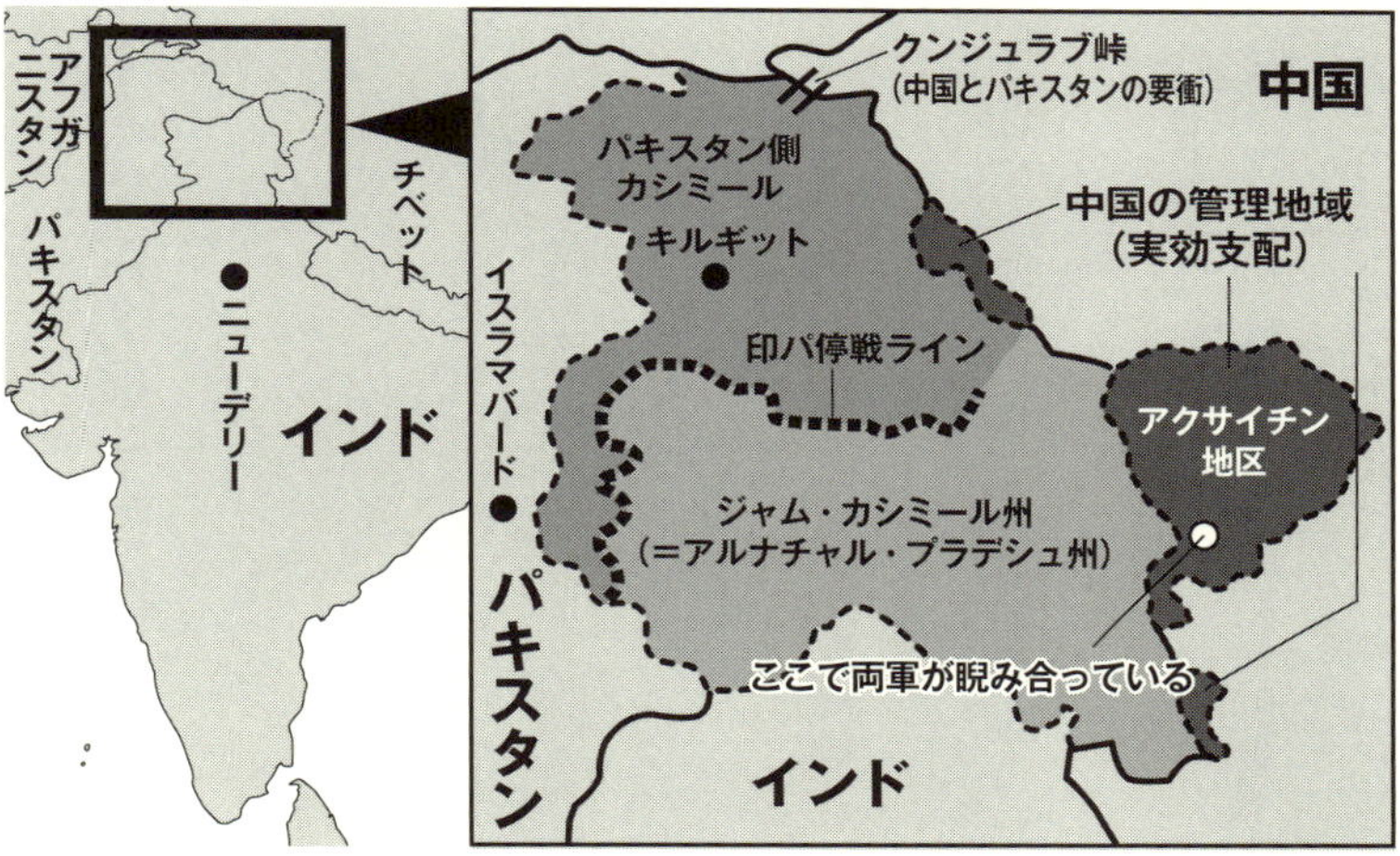

地図上の、パキスタン北部のキルギットの空軍基地から1971年7月9日に、キッシンジャー博士が密かに北京に飛んだ。それで米中の接近、ソ連への共同対抗が成立した。そして20年後にソビエトが崩壊した。

1962年の中印紛争（領土紛争）とは別に、インドはパキスタンとも1947年、65年、71年に領土紛争（イン・パ紛争）を起こしている。カシミール地方全体で戦闘があった。その停戦ラインは上図の表のとおりである。これらの領土紛争の国境線の確定（＝平和条約の締結）が望まれる。パキスタンは、インドとの対抗上中国、アメリカとつながる。

インドと中国の領土問題もいずれ解決する

インドと中国の関係で言うと、今のモディ政権は賢いから、概《おおむ》ねうまくいっている。ところが、インドにも中国とぶつかりたいという反共右翼の軍人たちがいる。中国人民解放軍の中にも特殊な連中（撥《は》ね上がり分子。奇矯な劉亜洲《りゅうあしゅう》将軍が代表。腐敗幹部ではない）がいる。だから習近平がインドを訪問した去年（2014年）の9月に、丁度その日に合わせて、中国が実質（実効）占拠しているカシミール地方の北で、小競り合いが起きた。

「習氏の訪印中も両軍対峙、安保の確執浮き彫り」

中印首脳会談では、国境紛争を含む安全保障上の確執も浮き彫りになった。9月17日に、中国軍がインド北部カシミール地方で実効支配線を越えて侵入し、インド軍と対峙した。18日にかけて両軍は200メートルの距離でにらみ合ったとの情報がある。18日の首脳会談で、モディ首相は、習近平国家主席に中国軍の撤退を要求した。会談後の共同記者会見では、「国境の平和は極めて重要だ」と述べ、習主席も「国境問題は有効にコントロールし、両国関係の大きな障害にならないようにすべきだ」と主張した。中国外務省報道官は、18日の北京での記者会見で「双方とも事件を重視している。既に協議し事態をコントロールしている」としている。

中印は、１９６２年に国境を巡って本格的に武力衝突した。現在、チベット自治区と接するアルナチャル・プラデシュ州をインドが実効支配し、カシミール地方の北東部に位置するアクサイチン地区は中国が実効支配する。今回の中国軍の侵入地点はアクサイチンに近い。

中国は、インドを囲むように各国で港湾整備を支援する「真珠の首飾り（パール・ネックレス）」と呼ばれる戦略を進めている（引用者註。これはＰ87の「一帯一路」の一部だ）。モディ首相の対中警戒感は根強く、先の訪日の際の講演では「18世紀のような拡張主義が見られる」と、暗に中国を批判した。モディ首相は「今月末の訪米でも、インド防衛産業育成への協力を協議し、中国をけん制する複眼的な戦略を描く。

今後は、中国が主導して設立するアジアインフラ投資銀行（ＡＩＩＢ《エイアイアイビー》）や、新興（５大）国が立ち上げるＢＲＩＣＳ《ブリックス》銀行の融資の枠組みを積極利用して、米欧日が主導する、発展途上国への経済支援の枠組み（引用者註。現行の世界銀行《ワールドバンク》とＡＤＢアジア開銀《かいぎん》のこと）に対抗するとみられる。

（日経新聞　２０１４年９月19日　傍点引用者）

97ページの地図からわかるとおり、カシミール地方のさらに北のほうは、実質的にパキスタンが占領していてインドがいやがっている。この中国との国境にクンジュラブ峠がある。ここからずっと道路が伸びていて、これが、パキスタンからアフガニスタンのマザーリシャリフ、ヘラートを経て、イランの首都テヘランまでつながっている。

イランの真ん中にあるナタンツ、コムという都市のはずれにイランの核兵器開発の秘密製造工場があると言われている。ここに核兵器（高純度のプルトニウム）製造用の遠心分離機がパキスタンから送られている。1万台規模でイランに持ち込まれている。それを医療用の原子力開発に必要な５００台にまで減らせ、という協議が「イランの核開発取りやめ協議」（イラン核抜き合意、ジュネーブ協定）の中心だ。この7月に、何とか協定ができた。このイランの核抜き協定はジム・ケリー国務長官とオバマ大統領の業績ということになる。それに対して、ヒラリー派とアメリカの右翼、そしてイスラエルとサウジアラビアが激しく反発している。

私は、これらのことをこの3月に出版した『日本に恐ろしい大きな戦争《ラージ・ウォ》が迫り来る』（講談社）に書いた。オバマとしては、あと1年半の任期がある間（２０１６年中）に、第3

次世界大戦（大きな戦争《ラージ・ウォー》）の勃発を食い止めるために「ホップ、ステップ、ジャンプ」で防止装置をつくろうとしている。

まず「ホップ」が、キューバ・南米諸国との和解。そして「ステップ」がイランの核抜きと制裁解除による取り込み。そして「ジャンプ」が北朝鮮だ。北朝鮮からもオバマは核兵器を取り上げようとしている。このことでオバマと習近平はガッチリと組んでいる。習近平も、北朝鮮の核の暴走（北朝鮮の核兵器は北京をも狙っている）を阻止しようという点でオバマと団結している。これに韓国の朴槿惠《パククネ》も加わる。

日本の安倍政権は奇妙なことに、この米中韓の連携（団結）に逆らうように、「北朝鮮への一方的な制裁の解除」（２０１４年７月４日）を行った。安倍政権が北朝鮮とつながっている、という奇怪な構図である。

オバマ政権の東アジア担当の高官たちは「北朝鮮をなだめて核保有をやめさせる」というアメリカの外交防衛を目下、懸命に遂行している。北朝鮮との核抜き合意を取り付けようと動いている。北朝鮮が核保有を止める、と言いさえすれば習近平も喜ぶ。オバマがそれを一生懸命やっている。しかし、世界に新たな戦争が起きればいい（起こすぞ）と望んでいる勢力からすると、このオバマと習近平に強い反感を持つ。世界反共右翼《はんきょう》たちの動きだ。

中国と敵対する日本の反共右翼たち

日本国内の対《たい》中国言論は、いまも強硬であり、中国に対する激しい敵意を剥《む》き出しにしている。

中国崩壊論を今も唱えている。中国の各地で暴動が起きて共産党支配が崩れる、と、そのように脳のてっぺんから信じ込んでいる人たちがたくさんいる。この人たちが熱烈に安倍政権を支えている。500万人ぐらいの日本のちっぽけな企業経営者や自営業者の層だ。

しかし、中国が大混乱に陥ったり大暴動が起きる、ということはない。日本の反共（勝《しょう》共《きょう》）右翼たちは、現実の世界を冷静に理解しない人々だ。意地でも中国人を腐《くさ》し見下《みくだ》して中国は崩壊するんだ、という考えにしがみついている。

中国崩壊（願望）の本が何百冊も出ている。その著者たち一人ひとりに会って、私は彼らを静かに説得しなくてはならないと思っている。

彼らも中国は強大な国になった、とよくわかっている。だから今度は、小国である韓国イジメ、韓国侮辱、韓国叩きに回った。いわゆる嫌韓《けんかん》本が、2012年、2013年、2014年のこの3年間にたくさん出版された。しかしもう種《たね》切れだろう。韓国人は穢《きたな》い、気持ち悪い、下品だ、卑劣だということばかり書き続けた人たちは、もうそろそろ反省したほうがいい。「アジア人どうし戦わず。ともに繁栄していく。戦争だけはしてはならない」という、当たり前の考えを私たちはしていかなければいけない。

戦争は帝国を滅ぼす

中国は、だからアメリカ帝国のほうこそが内部からガラガラと崩れていくのを待つという戦略をとっている。これが正しい。喧嘩（戦争）などする必要はないのだ。

アメリカが内部から崩れていったら、その時、周りの属国（従属国《トリビュータリィ・ステイト》）は部分相対的に独立することができる。私は、これまでアメリカとケンカせよ、敵対せよ、と書いたことはない。日本はアメリカ帝国の弱体化に応じて、少しずつ部分的に独立を達成するしかない、と私はずっと20年間書いてきた。

帝国（覇権国《ヘジェモニック・ステイト》）は歴史の必然として滅んでいく。帝国が滅んでもその地域は大国として残る。大英帝国（ブリテッシュ・コモンウエルズ）が滅んで、ただのイギリス国になったように。オスマン・トルコ帝国がただのトルコ共和国になったように。ソビエト連邦が滅んでロシアになったように。普通の国になっていく。

そして隆盛する次の大国（帝国）に従属してゆく。イギリスがアメリカ帝国に従属したように。これが、この5000年の人類の世界史であり、逃れることのできない法則だ。その時に帝国からの締めつけが少なくなるので、その分だけ徐々に独立していけばいい。このように私はずっと考えてきた。日本国のアメリカからの独立は、そのようにして達成される。

……ところが、そのあと、日本は隆盛する中国帝国（中華帝国《チャンホアディグオ》）の子分、属国にされてしまうのか。この問題で、中国嫌《ぎら》いの日本の右翼たちでなく、穏やかな保守層の人々までが、厳しく自問している。「中国に従属する日本になることは堪《た》えられない」と。ではどうするのだ？　日本は自ら帝国になる力はない。経済大国（エコノミック・スーパーパウア）である時代ももう終わった。この20年で、日本は本当に貧乏たれた衰退《すいたい》国家（デクライニング・ステイト）になってしまった。この冷酷な事実を見ないで、虚勢を張って、強がりを言っているのが、中国ギライの反共右翼たちだ。だから彼らは中国の興隆に冷静に対応できないのだ。

西暦663年の白村江《はくそんこう》の戦いのあと、日本は列島に閉じこもった。日本は朝鮮半島で滅んだ百済《くだら》国（660年）をこれ以上、助けることをやめた。どうやら白村江の戦いで倭国《わこく》

古代の朝鮮半島の興亡

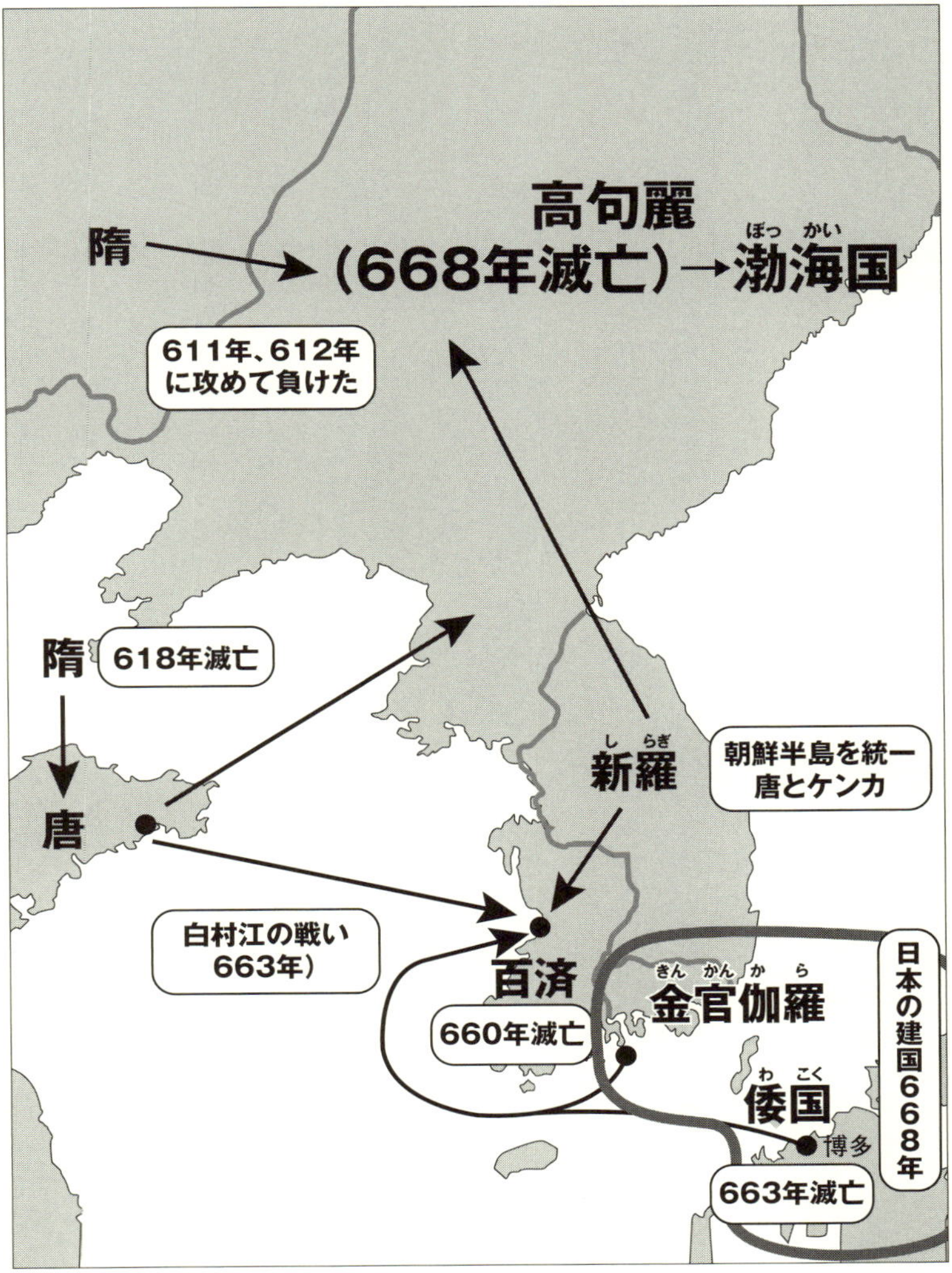
高句麗
（668年滅亡）→渤《ぼっ》海《かい》国
隋
611年、612年
に攻めて負けた
隋
618年滅亡
唐
新《し》羅《らぎ》
朝鮮半島を統一
唐とケンカ
白村江の戦い
663年）
百済
660年滅亡
金《きん》官《かん》伽《か》羅《ら》
日本の建国668年
倭《わ》国《こく》
博多
663年滅亡

が滅んだようだ。それまで今の博多を首都にして韓国南部の海岸線にも居住していた倭人《わじん》の倭国《わこく》という国があったのが、これが滅んだらしい。この倭国の弟分が畿内《きない》（近畿地方）にあった大和《やまと》王国だ。倭国の弟分だった大和《やまと》王国（ヤマト王権）という近畿《きんき》の王国によって日本はこのあと統一されたらしい。これは日本古代史への私の新説である。この時、「日本」という国号が誕生している（668年）。それまでは「倭《わ》」しかなかった。故に日本建国を668年とするのが岡田英弘《おかだひでひろ》東京外語大名誉教授（存命）の学説である。私もこれに賛同している。そして以後、日本列島に立て籠った。このあと唐と組んだ新羅《しらぎ》という遊牧民の国は、さらにこの高句麗《こうくり》国（満州の南部一帯）をも滅ぼした（668年）。ところが、このあと韓半島の統一を達成した新羅は、唐《とう》に反発して、唐帝国《タン・ダイナスティ》の言うことをきかなくなった。

困った唐としては、今度は日本国（668年に成立）に、2000人の使節団、つまり軍隊までを送り込んで、「今度は日本と一緒に新羅を挟《はさ》み打《う》ちにして攻めよう」とけしかけた（669、671年）。天智《てんち》天皇は大津京（琵琶湖畔）で防御を堅めていた。天智天皇（若い頃は中大兄皇子《なかのおおえのおうじ》）は、唐からの要請（誘いかけ）を拒絶した、というよりも知らん顔をした。日本は以後、大陸の動きに関わらなくなった。「もうこりごりだ」というのがその時の日本（大和朝廷）の考えだ。

それ以前に、高句麗に隋《ずい》の煬帝《ようだい》が2回攻め込んでいる。611年と612年だ。しかし高句麗は負けなかった。これで何と、隋帝国のほうが滅んでしまったのだ。高句麗に2回負けたことが原因で、隋帝国が618年に滅亡した。煬帝《ようたい》は部下たちに殺された。煬帝は、聖徳《しょうとく》太子（＝本当は蘇我稲目《いなめ》と入鹿《いるか》の二人のこと。彼らが大王《オオキミ》だ）に使節を送った皇帝だ。こういう大きな真実の日本古代史を私は最近完成した。

このことを習近平は言っているのだ。「いくら帝国といえども戦争をしたら滅びる」と。大国（帝国）であっても滅びる、と言ったのはこのことだ。

そして滅んだ高句麗《こうくり》国の将軍だった男が、やがて満州一帯に渤海国《ぼっかいこく》をつくる。日本（大和《やまと》王権）はこの渤海国と仲がよかった。その南の新羅《シルラ》とはずっと仲が悪い。日本は、そろそろほとぼりがさめた、と唐帝国に630年から使節（朝貢使《ちょうこうし》）を送るようになる。これが遣唐使である。阿倍仲麻呂《あべのなかまろ》たちが行った。3年に一度くらいの割で遣《おく》った。新羅とは仲が悪いので、朝鮮半島に近寄れないので、仕方なく遣唐使は危険を覚悟で東シナ海を真西に突っ切って行った。日本の高松塚《たかまつづか》古墳なども女官たちの衣装は全部、渤海《ぼっかい》様式である。

そして、現在、あの頃、7世紀の東アジアで起きたこととまったく同じことが起きているのだ。

アメリカの危険な軍産複合体

現在の世界は、アメリカと中国のG2体制《ジートゥ》で動いている。G2とは、ガヴァメント2《トゥー》のことだ。

この「アメリカと中国で世界を動かす」理論をつくったのは誰か。最近わかった。やはり世界戦略家のヘンリー・キッシンジャーとズビグネフ・ブレジンスキーという大物の二人だった。この二人は、アメリカと中国との共存という考えを唱えている。「アメリカは中国と戦争をするな」と言っているのはキッシンジャーなのである。キッシンジャーは日本では中曽根康弘を育てて操ったワルい戦略家《ストラテジスト》である。しかし、世界及びアメリカ国内の理解では、キッシンジャーは「中国からカネをもらっている人」である。親《しん》中国派の親玉である。キッシンジャーがつくったG2理論（二つの超大国理論）には、中国側に片割れ（受け皿《カウンターパート》）がいる。この研究員の名前もわかっている。彼が「新しい大国関係」という言葉をつくって発表した。これでいきましょう、と。

オバマと習近平は、このG2路線《ジートゥー》＝「新しい二つの大国」で今も歩んでいる。

ところが、アメリカのユダヤ系知識人たちがそれに反発している。何としても中国を世界戦争に引きずり込まなくてはならないと思っている連中である。それは凶暴なネオコン派とヒラリー派とミリタリー・インダストリアル・コンプレックス（軍産《ぐんさん》複合体、Military-Industrial Complex）と呼ばれている勢力だ。軍需産業界だ。

かつて、1961年のアイゼンハウワー大統領の辞任演説で、アイゼンハウワーが最後に怒り狂って演説を行った。それが「軍産複合体がアメリカを支配している」だ。アイクは自分も軍人上がりなのに、最後には怒りを爆発させた。ネオコンと軍需産業、強硬保守派、そしてヒラリー派という民主党内の好戦的な連中の連合体である。

私は金融・経済本もずっと書いてきた人間だ。そのうち金融が2008年9月のリーマン・ショックのようにもう一回ニューヨーク市場で大爆発を起こす。アメリカはそれを戦争で火消しをする。それしか手がないのだ。軍需産業と軍事力しかアメリカにはもう残された力はない。他にはない、ということで、アメリカは今のところはまだ西側同盟《ザ・ウエスト》（G7《ジーセブン》体制。米、英、仏、独、イタリア、カナダ、日本）の盟主として、ロシアと中国を締め上げている。だから戦争の脅威を煽《あお》る。

これに対して中国とロシアは腰を低く落として（lowbust《ロウバスト》という）相手にしないという

戦略でいく。自分のほうからは手を出さない。だから、強硬なヒラリー（のような人間）の政権がアメリカで2017年1月から始まったら、世界はたいへんなことになる。やはり、ある種の戦争状況に私たちの東アジア（極東《きょくとう》）も巻き込まれることになる。アメリカの最大の弱点はニューヨークの強欲《グリード》きわまりないユダヤ人の金融業者たちだ。彼らはやりすぎた金融バクチで、自滅する。

オバマは大統領なのにアメリカの支配体制の中では少数勢力である。徹底したハト派である。オバマは絶対に戦争開始の署名をしない。オバマの動きに、日本で懸命に反対し、妨害しているのが安倍政権だ。そしてこの政権を形づくっているのが特殊な宗教団体(「ムーニー」と世界では呼ばれる）である。日本のさまざまな国家機関にまでムーニー(Moonie統一教会）が入っている。裁判官や外交官にもいる。海上自衛隊や海上保安庁にもいる。彼らが計画的に尖閣諸島で中国艦船に発砲して軍事衝突（ミリタリー・コンフラグレイションを起こす危険性が高い。幸福の科学という不気味な宗教団体も、本体はムーニーである。幸福の科学と幸福実現党は、その表舞台だ。生長の家もそうだ。この恐ろしい危《あや》うさの中で今の日本国は動いている。どうも戦争になりそうだ、とみなが何となく感じて不安になるのはこのことがあるからだ。

中国の国家情報部員（インテリジェンス・オフィサー。対《たい》日本分析官）たちは日本の現状のこの危険さをなんとか把握しているようだ。だから尖閣諸島で日本から軍事衝突をしかけられないように慎重に動く。韓国との独島《ドクト》（竹島）問題も同じだ。韓国に対して日本は、フィリピンと同じく国際司法裁判所に提訴するべきだ。そして話し合い（和解、調停）で解決すべきだ。そして竹島の海域を共同開発するべきだ。尖閣諸島についても同じだ。中国がハーグに提訴したら日本はそれに応じるべきだ。

ウクライナ危機の行方とプーチンの手腕

ロシアはウクライナの問題で手一杯だ。西側同盟《ザ・ウエスト》から経済制裁《エコノミック・サンクション》（懲罰）を喰らって少し堪《こた》えている。とくに、ロシアの大企業の幹部たちが、西側世界（先進諸国）の銀行取引の停止（口座の凍結）をされて苦しそうだ。資金《しきん》の送金《レミタンス》とか決済《セツルメント》ができなくて往生《おうじょう》している。どうやらロシアの財界人たちは、香港の銀行口座を使ってうまくやっているようだ。

ロシアと西側との緩衝《かんしょう》地帯（バッファー）がウクライナなのである。

私が佐藤優氏と対談した時にいろいろ訊ねたところ、ウクライナの西部＝ガリツィア地方が、ナチス・ドイツと組んだ過去がある。そしてソビエト・ロシアに攻め込んだ。だからウクライナ西部（ガリツィア）の人々は今もロシアが大嫌いだ。

２０１４年のウクライナ危機をきっかけに、親露派《しん》のノヴォロシア人民共和国連邦（ドネツク人民共和国とルガンスク人民共和国のこと）が誕生した。ドンバス地方ともいう。彼ら東ウクライナ人たちはロシア語を話している。ウクライナ人とロシア人が混じったような人たちだ。それに対して西のガリツィア地方の反共右翼《はんきょう》のウクライナ人たちがロシアを憎むので、ウクライナはこのまま半分に割れていくだろう。東ウクライナはロシアとつながっていく。

アメリカのカーター元大統領ですら、「クリミア半島は住民たちのほとんどがロシア人だから、ロシアに併合されて当然だ」と言った。ところが日本の場合は、公平な報道をすべきＮＨＫでも「プーチンは、いざという時は核兵器を使う準備をした、と公言した」というようなニュースを意図的に放送している。安倍政権の顔色をうかがいながら、卑屈に堪《た》えしのんでいるのが今のＮＨＫだ。

ロシアのプーチンの力の秘密は何なのか。私にも今のところわからない。彼の背後に、どのような大きな勢力があるのか。シロビキという旧ＫＧＢ《ケイジービー》（ソビエト時代の政治警察）系の人脈がロシアを動かしていてプーチンがその代表だ。それ以上の裏の大きな力は何なのかわからない。どうもプーチン個人が、優秀な頭脳をしていて、それでロシア全体を毎日指揮しているというふうに見える。東ヨーロッパ諸国の、ロシア嫌いの庶民の婆《ばあ》さんたちでも、「ロシアになかなか優秀なのが出てきたわね」と言っているから、きっとそうなのだろう。

アメリカ合衆国の場合は、アメリカの政・官・財の三つの部門はすべて、今も上からロックフェラー財閥によって支配されている。ロックフェラー家が一番上の人々を実質的に任命している。だが中国は、アメリカの言いなりにならない。「中国人は、アメリカが嫌いです。いくらハーヴァード大学に留学した人たち（そして帰ってきて政府幹部になっている）でもアメリカが嫌い」と王屏《ワンピン》という対《たい》日本政治分析の責任者（中国社会科学院現代日本政治研究所長）が、私に言った。

２００７年に中国はイスラエルとの関係を切った

中国は２００７年にアラブ世界と組んだ。このことがやはり大きいと私は考えている。この時、中国は中東アラブ世界を中心にする、世界で18億人いるイスラム教徒と連帯すると決めたのだ。このことが非常に重要だと私は判定している。

２００７年2月13日に、北朝鮮の「６カ国協議」の時、**中国はそれまでのイスラエルと**

の関係を切ったのだ。そしてアラブ、イスラム教徒と組んだ。

それまでは、中国はイスラエルと裏で深くつながっていた。中国は、アメリカの軍事技術とコンピュータや通信などの先端技術を、秘かにイスラエルのモサドから安いお金で買っていた。だからイスラエルの助力で、中国は核実験を行えた（1964年、核実験成功）。そして核兵器を保有できた。最先端のアメリカのロケット・エンジンや宇宙技術、通信技術もイスラエルの国家情報機関モサドが盗み出したものを中国は買っていた。

しかし、2007年に中国はイスラエルと縁を切った。そして中国はアラブ、イスラム教徒たちとこれからの世界をつくってゆくと決めた。これは大きな決断だった。この決断は中国のエネルギー戦略、資源戦略でもあった。アラブ諸国からの石油と天然ガスが、日本と同じく中国にとっても〝経済の血液〟である。この中国のこの時のアラブ寄りへの転換も中国の大きな世界戦略の一環だ。中国はイスラエルと縁が切れた。

これにイスラエルが怒り狂った。それで新疆ウイグルやチベットで暴動が起きるようになった。10人、20人規模の死者という事件が次々に引き起こされていく。2008年のチベット暴動は、本物の暴動であり、本当のチベット人たちが、移住してきた漢民族（漢人）たちと役人たちの横暴に怒って暴れた。若いラマ僧たちがたくさんつかまった。しかし、2009年7月のウイグルの首都ウルムチでの爆動は、ウイグル人たちの純粋な独立運動ではない。私は現地に行って調べた。「東トルキスタン独立運動」の主席（亡命政治家）を名乗るラビア・カーディルという女性（日本にも数回来て記者会見している）は現地（地元）では評判の悪い女だった。ビール会社を経営していた。

最近のウイグル人による襲撃事件は、もっぱら警察署を襲撃して何十人かを殺傷し、自分たちもその場で撃ち殺されて死ぬという形だ。ウイグル人の自殺突撃隊（ジハーディスト）若者たちは、裏から組織され操られている。今のシリア・北イラクのＩＳ《アイエス》「イスラム国」の凶暴な連中と同じだ。このラビア・カーディルという東トルキスタン独立運動のウイグル人の女の活動家たちも悪質だ。裏にはイスラエルとアメリカのＣＩＡがいる。

帝国は民族の独立を認めない

私は大きな疑問を持っている。東京・渋谷にチベット人独立運動の「日本自由チベット委員会」という組織がある。私は急いでそこに行かなければいけない。そして彼らと会って話を聞く。

活仏《かつぶつ》（生きている仏《ほとけ》さま）であるダライラマ14世は、ダラムサールというインドの北の町に亡命政権をつくっている。逃げてきたチベット人たちが集まって暮らしている。そこにいるのは半分ぐらいお坊様である。チベットは吐蕃(とばん)と言われた8世紀、9世紀には大きな独立国だった。勢力もあった。現在のチベットは東は四川省にとられ、北は青海省《チンハイ》にとられ、ずいぶん小さくなっている。ここは歴史的に高地民族であるチベット人が生きてきた地帯だ。

今のチベット自治区の人口は3000万人ぐらいだろうが、そのうちチベット人は600万人くらいだ、といわれている。さらにそのうちの純系種のチベット人はもう300万人ぐらいしかいない。漢族と混血した者も多い。彼らの一部はヒマラヤ山脈を徒歩で越えてインド北部のダラムサールに30万人ぐらいが逃げてきている。1959年に人民解放軍（中国軍）がチベットのラサに侵攻して制圧したので、ダライラマ14世たちはインドに亡命した。

このチベット仏教（ラマ教）のお坊様たちは働かない。働かないで、毎日お経を唱えて暮らしている。私はこの人たちの生き方は間違っていると思う。いくらラマ教（チベット教）は民族の素晴らしい伝統だ、神聖な宗教（信仰）だと言っても、何十万人も、働かない坊主たちを貧しいチベット社会が、お布施と喜捨《きしや》で食べさせていくという思想は間違っている。おシャカ様の時代からの間違った考えだ。

ヨーロッパの中世のキリスト教の修道院《モナストリー》でも修道僧《モンク》たちは、自分の食べるものは自分たちでつくって生きていた。農作物や酪農をやった。女性と寝てはいけないが、僧侶はお酒は飲んでいいのでワイナリー（ぶどう園）やチーズをつくっていた。出家《しゅっけ》しているから（表面上）家族はいないわけだから、家族を養う負担がない。その分を、自分の精神性を高める信仰と神学研究に打ち込めた。だから僧侶《モンク》といえども生産活動をしなければダメだ。亡命ラマ僧たちは世界中からの救援金であるお布施《ふせ》＝喜捨＝ご供養《くよう》で生きている。これは間違った考えである。最高指導者のダライラマ14世自身が、この実情と現実にホトホト参って２００７年に「私はもう辞任したい」と言った。輪廻転生《りんねてんしょう》で次のダライラマが決まる、というのもやめにするべきだ。

中国のチベット自治区のチベット人たちは、大幅な自治権獲得まででいいのである。独立までする必要はない。北京の政権と、本当の自治を要求する交渉をすべきだ。中国の漢民族の歴史の伝統で言えば、やはりチベット王国も、歴代の中華帝国に服属していた。吐《と》蕃《ばん》国もやがて中国に従属した。

14世紀ぐらいから、ソンチェン・ガンポというチベット僧の高僧が、北に行ってモンゴル人たちをチベット仏教で教化した。内モンゴルの〝首都〟フフホトにいたオイラート部《ぶ》（族）の強い指導者だったアルタン・ハンがチベット仏教に帰依した。このことはどういうことか。当時の明《みん》の王朝（明帝国《ミングダイナスティ》）がこれで安泰となった。仏教の教えで、争い（戦闘）をやめさせることで計画的にモンゴル人たちの好戦的な、果敢な戦闘精神を奪い取ったのだ。

このあとの清朝《しん》は、満洲人である。満洲人というのは、本当はモンゴル人の兄弟民族なのだ。文字もそっくりである。大興安嶺山脈《だいこうあんれい》を東に越えて満洲平原にまで来たモンゴル族が満州族である。彼ら清朝もモンゴル人に暴れてほしくないから、さらにチベット仏教で穏やかにした。そういう計画だったのだ。それで、今のモンゴル人は全部チベット仏教（ラマ教）徒になった。

私は2006年8月にカザフスタンに行ったあと、9月にはモンゴル共和国（〝外《アウター》モンゴル〟と呼んだらガイドの人にイヤがられた）の首都ウランバートルとその周辺の遊牧地帯に行った。そして現地で目撃して知ったのは、今のモンゴルではラマ僧と、「シャマン」と呼ばれるシャーマン（呪術師《じゅじゅつし》、呪師）の双方がほぼ対等に拝まれていた。どちらも占い《うらな》と呪い《まじな》をやることで尊敬されていた。

だから、チベット人がダライラマの制度（生まれ変わりの思想、輪廻転生）を続けてゆくという考え方は間違っていると私は思う。チベットは中国の一部として生きてゆくしかない。ダライラマ14世は、ダラムサールで臣下のチベット僧たちを食べさせてゆく苦労でほとほと参っているはずだ。ラマ僧たちは、黄帽子《きぼうし》派と赤帽子《あかぼうし》派（ゲルク派）に分かれて争っている。

純粋に民族独立運動をやろうとして牢屋に捕まっているモンゴル人たちが、チベットやウイグルだけでなく内モンゴル自治区にもいる。私は首都フフホトでまじめなモンゴル人の青年からあれこれ聞き出した。その青年の友人の一人も捕まっているという。それは本当だろう。こういう話はほとんど日本には伝わらない。

歴史的に、大国には、さまざまな民族が住んでいる。それぞれの民族の自治権を保障するという体制にきちんとなればいいのである。独立まではどうせ中国は認めない。

「香港の一国二制度」は中国民主化へのステップ

独立に関しては、台湾についてもまったく同じだ。中国が台湾に与えるのも、香港と同じ程度の大幅な自治権と普通選挙制度（ユニヴァーサル・ボウティング）であって、それ以上は認めない。中国の主権《ソブリーンティ》（領土《テリトリイ》）の一部としての台湾省にするだけのことだ。

今の香港は、「一国二制度《いっこくにせいど》（ワンステイト・ツーシステム）」である。この「一国二制度」にする、とイギリスのサッチャー首相と鄧小平が外交交渉をして、１９８４年に決めた考え（知恵）である。その13年後の１９９７年7月1日に、香港は中国に返還された。「返還から50年間は、これでゆく。中国が接収（軍事制圧）しない」と決めたのだ。だから50年後の２０４７年までは今のままで香港を運営する。この50年間で、イギリス帝国がこれまで統治した香港の、イギリス人の警察官と公務員たちは、みんな定年退職して、あるいは死んでしまう。だから、そこまでは中国政府が面倒を見てくれ、とイギリスが頼んで合意したのだ。

この「一国二制度」が続く。あと32年間ある。２０４７年（これで完全返還）までに、中国は香港経由でイギリス人たちからあれこれ西欧式の国家運営のノウハウを学べる、ということだ。

香港で、中国はイギリスのやり方を学ぶ。イギリスが19世紀（１８００年代）の１００年間を、世界帝国《ワールド・エムパイア》をつくって運営した教訓を真似して、香港を通して中国が「世界の経営の仕方」を学ぶのである。これが一国二制度の本当の意味である。

２０１４年に大騒ぎしていた香港の行政長官の選挙を巡る、「雨傘革命」と呼ばれる抗議行動（民主化運動）も、大きくはアメリカのネオコン派 Neoconservatives が仕組んだものだ。彼らが学生たちを煽動してやらせている。ポール・ウォルフォヴィッツ（国防副長官と世界銀行総裁をした。女性スキャンダルで失脚）というネオコンの大物が、背後から操作している。そのようにアメリカ（ワシントン政界）でバレている。

中国は、台湾（人）に、「香港と同じ一国二制度でがまんしろ」と言っている。台湾や香港の民主化運動家たち（反《はん》北京派）も、中国北京がそのうち全面的にデモクラシーの国になるのならば、それで異論はないと考えている。

デモクラシー（民主政治）というのは、①普通選挙制《ユニヴァーサル・ボウティング》と②複数政党制《コンペテティヴ・パーティーズ》のことである。この二つさえ保障すればデモクラシーと言える。中国はこれを習近平・李克強体制の、次の第6世代の指導者（２０２２年からの10年間。胡春華《こしゅんか》と周強《しゅうきょう》が候補者）の時までに実現する計画である。あと7年後である。その時には中国に民主政治が実現する。ちなみに私は✕民主主義というコトバを使わない。民主政治（体制）だ。デモクラシーはデモクラチズムではないから。

李克強首相はそれを準備するための人間として自分を自覚している。彼が北京大学生の時に天安門事件（１９８９年　六四《ろくよん》事件。6月4日に流血が起きたから）があった。李克強はあの民主化運動をそばでずっと見つめていた。自分と同じ北京大学の学生たちは、天安門のデモにたくさん参加していた。彼らはそのあと捕まって、反省（転向）してうっ屈した人生を送っただろう。そういう秀才たちがたくさんいる。ここで改めて書いておくが、天安門事件（六四事件）の現場で、殺された北京大学生や他の大学生は一人もいない。周りで騒いだ民衆と軍隊で合わせて１００名ぐらいが死んでいる。だから虐殺と呼ぶべきものではなかった。私はこの件で石平氏と言い争った。習近平は1953年生まれで、今62歳、私と同じ歳だ。李克強はその二つ下で1955年生まれだ。

中国崩壊論を唱え、中国を腐《くさ》し、気持ち悪い、汚《きたな》い中国と書き続けている人たちも少しは考えを変えないと、世界の動きから自分自身が取り残さる。どんなに中国や韓国を貶《けな》しても、私たちは同じアジア人としてともに生きていくしかないのだ。大きな勘違いをしないほうがいい。私は心底そう思う。

中国の南米戦略と焦るアメリカ

中国と中南米諸国（ラテン・アメリカ）との関係も深まっている。「一帯一路《ワンベルト・ワンルート》」は南米大陸にまでつながり、海の航路《ルート》がユーラシア大陸から南米にまで伸びていく。石油や鉱資源を運ぶエネルギーの運搬と食糧その他の運輸の船の道である。中国からの輸出も大きい。

P123の地図にあるとおりニカラグアのオルテガ大統領は、中国の協力（資金提供と技術）を得て、目下新しい運河をつくっている。現在のパナマ運河（アメリカが実質的に管理している）は拡張工事をしている。このパナマ運河よりも大きな運河をつくっている。

中南米諸国にも大手をかける中国

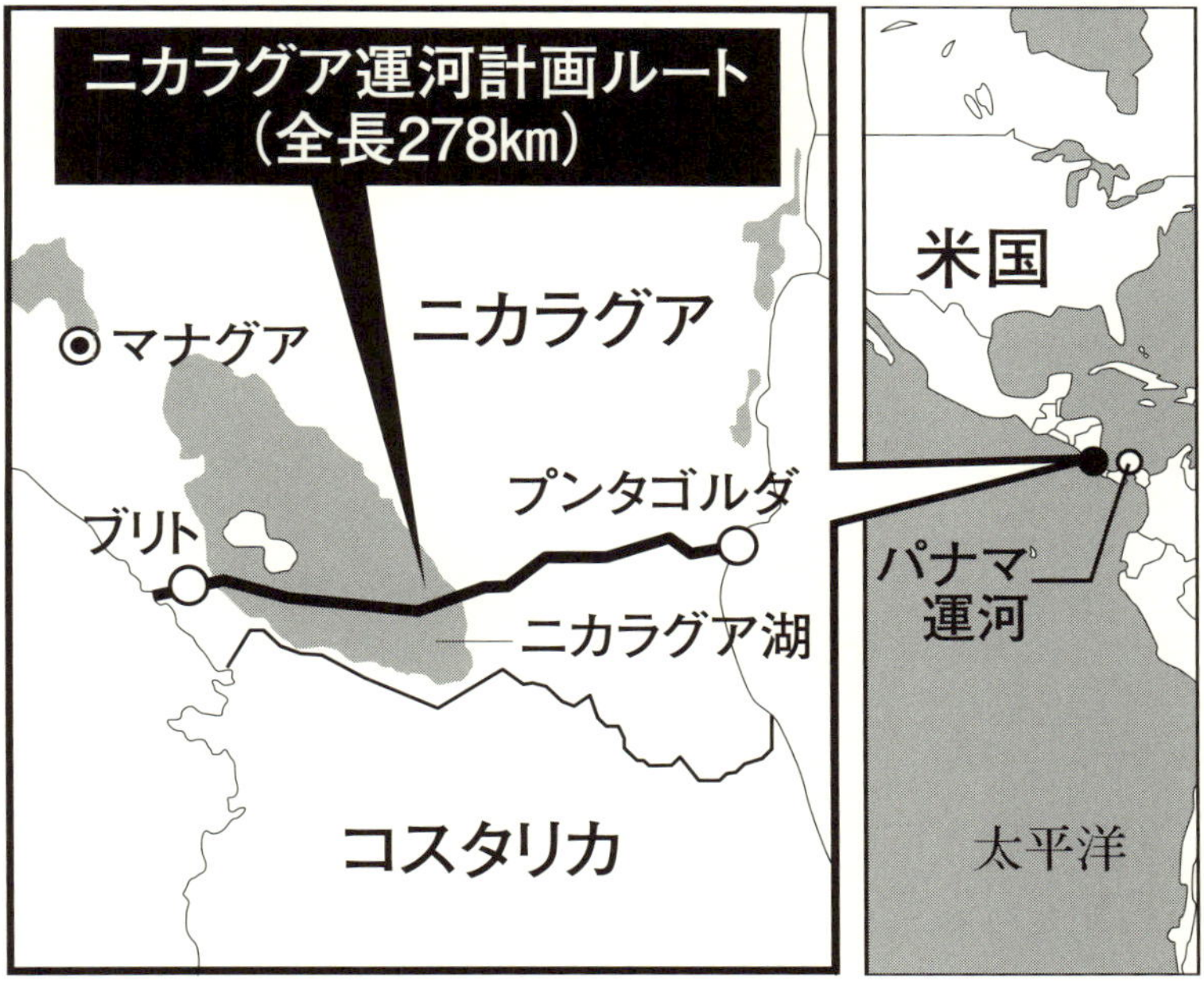

このニカラグア運河ができると、大西洋と太平洋をつなぐ物流と運搬力で中国の影響力が大きくなる。まさしく中国の「一帯一（航）路」構想の一環である。

世界戦略を考える上では、二つの交通の要衝としてものすごく重要である。こういう大きな世界レベルでのものごとの考えや発想力が日本にはない。アメリカの軛《くびき》の下で、日本はどんどん二等国に落ちている。

アメリカ海軍の第7艦隊の空母や軍艦もここを通るので運河の幅に合わせて戦艦の大きさが決められた。

長さは総延長278キロの大運河だ。途中に大きな湖のニカラグア湖がある。これで中国はアメリカに邪魔されながらパナマ運河を通してもらうことをしなくてすむようになる。パナマ運河と競合する世界規模の大運河である。中国はやる、と決めたら必要なことはすべて着々とやる。以下は日経新聞の記事だ。

「中米ニカラグアの運河着工　パナマに対抗、中国の影」

中米ニカラグアで、12月22日、太平洋とカリブ海を結ぶ新たな運河の建設開始式典が開かれた。総工費500億ドル（約6兆円）の大型事業は中国系企業が受注した。米国の「裏庭《バックヤード》」で、アメリカの影響力が強いパナマ運河に対抗する中国の思惑が透ける。ただ資金調達の行方は不透明で、環境汚染への反発も根強い。計画の先行きには曲折も予想される。

「歴史的な瞬間だ。ニカラグア運河の工事の開始を宣言する」。運河の工事と運営を受注した香港企業のHKNDの王靖《おうせい》最高経営責任者（CEO）は、12月22日、太平洋側のブリトでの式典で語った。まずは掘削現場につながる道路を整備する。

計画されている運河の全長は278キロメートルで、このうち105キロメートルは同国南部のニカラグア湖を通る。２０２０年の完成を目指しており、25万トン級の船が通れるようにつくる。距離は、パナマ運河（引用者註。79キロ）の3倍強と長い。15年末にも拡張工事を終えるパナマ運河よりも大型の船の航行が可能となる。目立った産業に乏しいニカラグアは、１人当たり国内総生産（ＧＤＰ）は、２０１３年時点で１８００ドル（年収20万円）程度にとどまる。中南米ではハイチに次いで低い最貧国の一つだ。左翼ゲリラ出身で、反米で知られるオルテガ大統領は、運河をテコにした経済成長を目指す。

総工費は同国のＧＤＰ（引用者註。約１００億ドル、１・２兆円）の４倍超と巨額だ。港湾や観光施設、高速道路の整備も計画している。人口約６００万人の国で、工事期間中に5万人、実際に運河の運用が始まれば20万人の関連雇用を見込む。政府は、実質経済成長率が現状の年率４～５％から15年には10％強に上がると期待する。

公開入札の手続きを経ずに、工事と運営をニカラグア政府から受託したＨＫＮＤは、中国の通信大手である信威《イーウエイ》通信産業集団の香港子会社だ。ＣＥＯの王靖《ワンサイ》氏は、習近平国家主席ら中国共産党幹部とパイプを持つとされる。中国が外交関係を持たないニカラグアで、「政府の意を受けて動いている」（外交筋）との見方が強い。

パナマ運河の場合は、１９１４年（開通時）から99年までは米国が直接運営してきたが、現在でも強い影響力を誇る。中国は同運河の利用国で第2位となっているだけに、代替となる別の運河を確保できれば、米国をけん制できる。

（日経新聞　２０１４年12月25日）

この中国の大胆な動きにアメリカは焦っている。だから親会社の信威《イーウェイ》という通信企業がアメリカ政府の通信技術を盗み出しているスパイ企業だ、と米議会で叩いた。日本国内ではこのニカラグア運河の話はほとんど語られない。日本人は世界で起きている大きなプロジェクトのことを何も知らされない。アメリカの家来（奴隷）を長いことやらされて、目も耳もふさがれている。まったくヒドい国だ。

私は同じ時期に、「パナマ運河開通１００周年記念（２０１４年8月15日）」のテレビニューズをチラと20秒間ぐらい見た。「おお、これがパナマ運河か。すごいな」と目を見張った映像だ。しかしニューズはすぐに終わった。一体何に遠慮して、日本国民はこういう世界の大きな動きを教えられないままにツンボ浅敷《さじき》に置かれて、そしてどんどん世界から取り残されてゆく。

キューバに対しても、アメリカがついに国交を開いた（２０１５年7月）。ラウル議長（独立革命の英雄カストロの弟）とオバマ大統領がつながっている。キューバは、ヒラリーが代表するアメリカが嫌いだ。アメリカのほうも、長年キューバを〝反抗国家〟（ならず者国家。ロウグ・ネイション rogue nation）と認定し経済封鎖＝貿易禁止（エンバーゴー）で痛めつけ続けた。しかし、国交回復は歴史的な大きな流れだから誰も反対できない。

60年間、国交がなかったキューバとオバマ政権が仲よくやるということは、キューバ難民どころか、南米諸国のイリーガル・アライブ（illegal alive、違法滞在者）の密入国移民の子供たち500万人に、アメリカ国民の市民権（国籍）まで与える、ということになる。今回この500万人にグリーンカードを与えることになった。違法就労者の子供たちで税金を納めてきた者たちに、市民権の一歩手前のグリーンカード＝居住権を与えることになった。この労働ビザ付き居住権（グリーン・カード）の次が市民権だ。市民権はナショナリティ（国籍）とほとんど一緒だ。

すでにアメリカの議会には50人くらい中南米出身のヒスパニック系議員がいる。イリーガル・アライブの子供たちはアメリカの公立学校に通っている。親は非合法で入国してきたが、その子供たちは非合法ではない。だからこの子供たちが働いて税金を納めてきたのだから市民権を与える。密入国者である親には市民権は簡単には与えられない。

アメリカの人口3・1億人のうち、5000万人ぐらいがヒスパニック系だ。黒人は3000万人からもう増えない。白人比率は50％（1・5億人）を割った。このうち上層白人とされるWASP《ワスプ》は6000万人だ。

人類の歴史は理想主義では進まない

中国が、これから穏やかに世界を動かしていこうとしている。この努力に対して「中国人による世界支配の野望だ」と盛んに言う人々がいる。この人々は中国が、現実にもっともっと力を付けて、もう誰も（世界中が）反対できなくなったら、どう言うつもりか。事実として現実に進行してゆく事態に対して、「おれはイヤだからイヤなんだ。中国がキライなんだ」と言い続けるのだろう。これでは子供ちゃんだ。お子さまランチだ。こういう人々は、アメリカの世界支配の手先になってきた人々だ。日本の言論人に今もたくさんいる。

私は一方的に中国の肩を持ち続けているのではない。私には中国人の親しい友人さえいない。彼らから何か教え込まれたり唆《そその》かされたりしたこともない。私は、冷静に、中国が、どうせもっともっと強大になる、誰も止められない、とこの10年書き続けてきた。大事なのは現実を見ることだ。

ここで、私が唯一リザーブ（保留）するのは、「世の中はきれいごとではない」という言葉だ。きれいごとの理想主義だけを言うと、必ず反動がくる。人間という生き物そのものに悪意《あくい》がある。人間はやはり悪い生物だ。60年生きてようやくわかった。だから私は性善説には立たない。やはり性悪説だ。

私なりに、安倍政権を支えているゴロツキ風の５００万人のチビコロ経営者たちの気持ちがわからないではない。「安倍ちゃんよー。もっとチャンコロとチョーセン人を痛めつけてくれよー」と顔に書いてある人々だ。私の周りにもたくさんいる。

彼らは従業員をさんざんこき使っているのに、絶対にこき使っているとは思わない。経済合理性で働いてもらっている、と言う。本当は「お前たちはどうせ辞めるに辞められないだろう」と、残酷にコキ使っている。それでも自分の従業員とはケンカはできない。絶対にできない。だから、その捌《は》け口として日教組《にっきょうそ》批判と北朝鮮、韓国、中国叩きを死ぬほどやる。

彼らは安倍首相と同じで小学校、中学校の頃、勉強ができなかった人たちだ。子供時代に勉強ができなかった者たちが、「日教組にいじめられた。やつらは許せない」と言う。しかし彼らをいじめたのは日教組ではない。教育委員会（公教育の管理者）にいじめられたのだ。そして教師たち全体にいじめられたのだ。

ところが、こういう学校時代に勉強がちっともできなかった人間たちほど小金持ちになっている。ズル賢く、汚らしく自分の分の金儲けだけはやる。そういう人々だ。元々がチンピラ風で合法感覚が薄いから、何でもできる。犯罪すれすれのことをやりながら金儲けだけはやってきた。

佐藤優《さとうまさる》氏は私との対談本で、彼ら安倍政権（とそれを支えている人々）のことを「反知《はんち》性《せい》主義の人々」と名づけた。知性と教養と学力がない人々だ。

これをもっと下品に言ったら、「安倍政権というのは、コンビニの前でウンコ座《すわ》りをしている暴走族のような感じだ」となる。この佐藤優氏の優れた発言は、『崩れゆく世界生き延びる知恵』（日本文芸社　2015年刊）のP81に載っている。読んでください。

第4章

南沙諸島をめぐる紛争の火種

中国が南沙諸島での実効支配を着々と進めている

中国が南シナ海の南沙《なんさ》諸島（Spratly Islands　スプラトリー・アイランズ）にある島の埋め立てを始めた。埋め立てのことをランド・リクレイミング（land reclaiming）と言う。この埋め立て、拡張工事でかなり大きな港湾施設や飛行場までつくろうとしている。その問題が5月から急にもち上がった。私もこの問題から逃げるわけにはいかない。

この問題は、アメリカの軍事研究所であるCSIS《シーエスアイエス》（戦略国際問題研究所　Center for Strategic and International Studies）が、2015年4月8日に報告した。「中国が領土紛争を起こしている海域で島を建設しつつある」。英語で言うと〝China《チャイナ》 Building《ビルディング》 Islands《アイランズ》 in《イン》 Disputed《ディスピューテッド》 Waters《ウォーターズ》〟である。

CSISのパシフィック・フォーラム（太平洋会議）の理事長を務めるラルフ・コッサが、盛んに動いて今回の南沙諸島問題を大きく表に出した。その南沙諸島の中国による突如の島の建設ということについて、やはり私も正面から書いておかなくてはならない。

日本と中国には、東シナ海の島嶼《とうしょ》群である尖閣《せんかく》諸島の領有権の問題がある。尖閣諸島周

4つの国がここで 領有権領有権を争っている

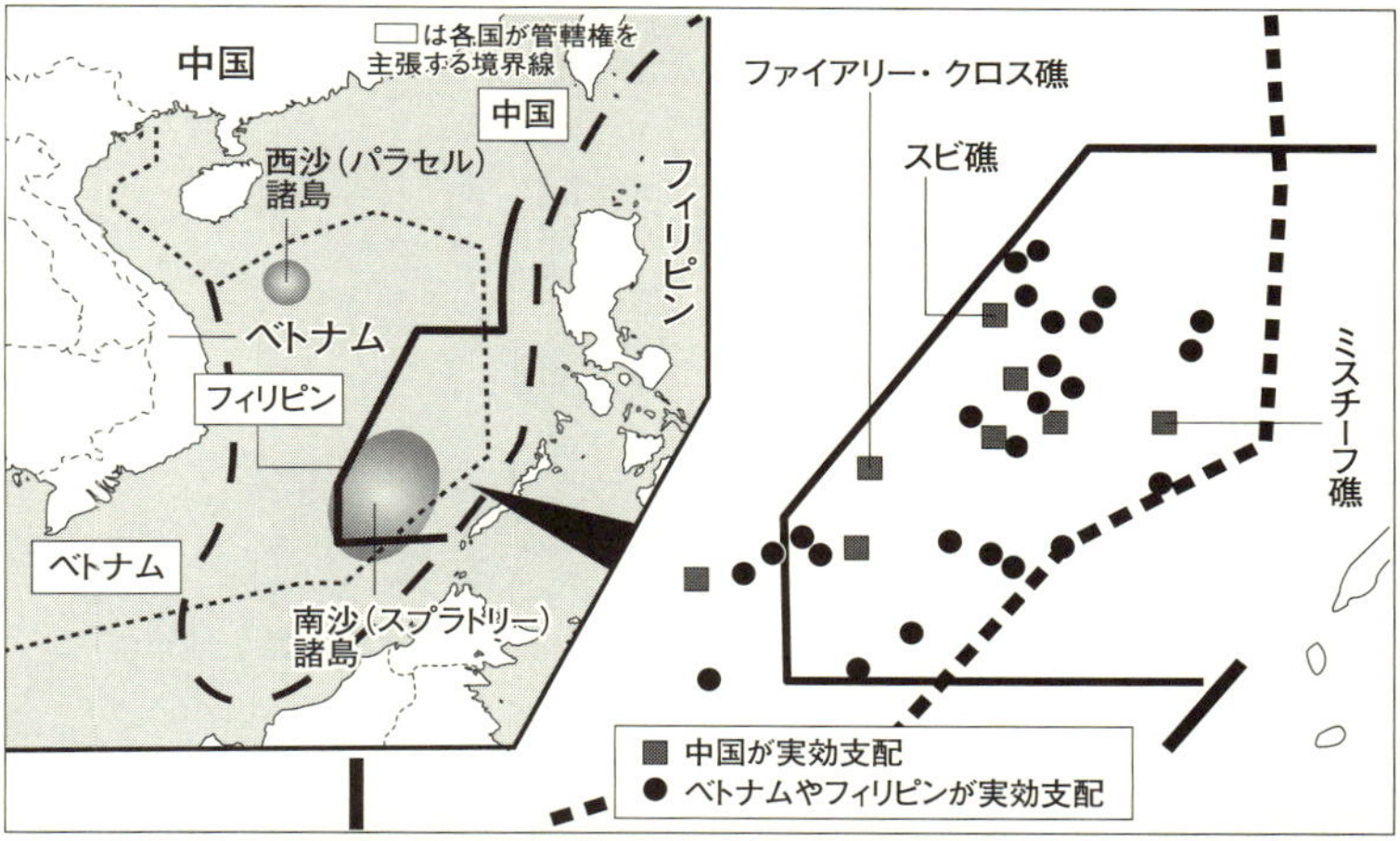

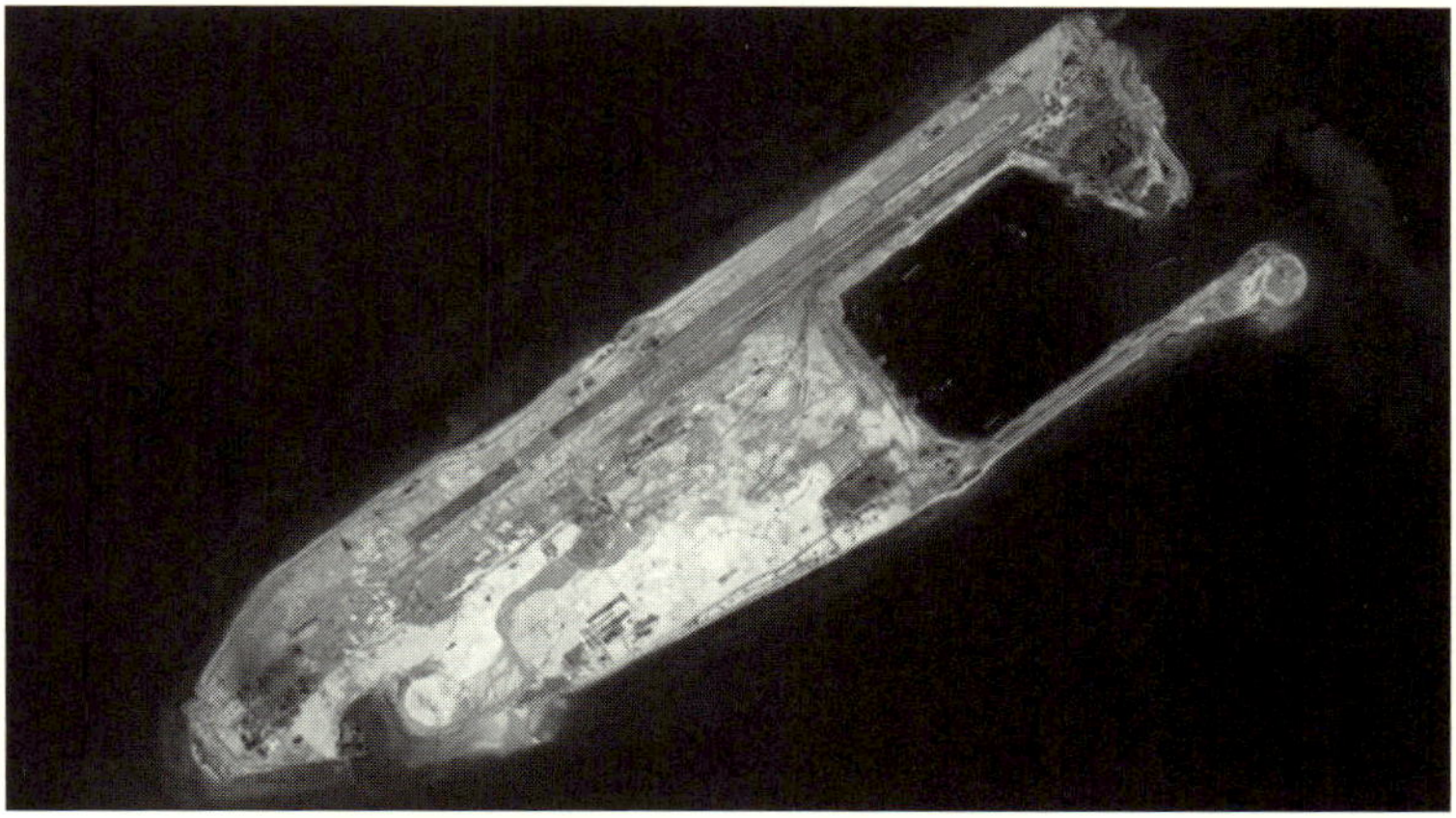

これらの島や岩礁（リーフ）のことが少しずつはっきりして来た。4つの国が入り乱れて取り合っている。

辺で中国と日本が軍事衝突（ミリタリー・コンフラグレイション）する可能性は十分にある。この問題と、そこからずっと南の南シナ海（サウス・チャイナ・シー）の南沙《なんさ》諸島の領有権《テリトリー》問題は関連している。

まず、この問題を考える時の基本知識は何か。このような海の領海、領有問題に関する争いは、ＩＭＯ《アイエムオウ》（国際海事機関　The International Maritime Organization　インターナショナル・マリタイム・オーガナイゼーション）というところで取り扱うことになっている。この国際海事機関《こくさいかいじきかん》は、国連（ＵＮ《ザユーエヌ》）の専門機関の一つである。

前述したとおり今年の4月ぐらいから、突如、中国がこのような埋め立ての動きに出た。それをアメリカが察知して、ＣＳＩＳの発表のあと、5月30日には新聞記者たちをＰ‐8《ピーエイト》というアメリカ海軍の大型哨戒機《しょうかいき》に乗せて、問題の島々の上空を飛んだ。現在、中国が港湾施設と飛行場をつくっている島々を偵察した。

中国は軍事施設とは言っていないが、数階建ての建築物や港湾を建設中である。この様子をＣＮＮテレビが5月30日に大々的に報じた。それで、6月に入って大騒ぎとなった。

南沙諸島は4国が入り乱れて実効支配している

出典：ニューズウィーク誌 2015 年 7 月 7 日号

○ 埋め立て・人工島の建設が行われている岩礁

実効支配
- ● 中国
- ● マレーシア
- ▲ フィリピン
- ■ 台湾
- ■ ベトナム

この詳細な地図をよくよく見ると、中国だけが埋め立て・人工島づくりをしているわけでないことがわかる。ベトナムもフィリピンもけっこうあつかましく岩礁をたくさん実効支配している。

「米国防長官、中国軍トップに埋め立て停止を直接要求」

カーター米国防長官は、２０１５年６月11日、中国軍制服組トップである范長龍《はんちょうりゅう》中央軍事委員会副《ふく》主席と米国防総省で会談し、南シナ海で中国が進める大規模な埋め立てを停止するよう要求した。

同省によると、カーター長官は、中国と全ての関係国に対し、南シナ海の埋め立て作業と軍事化を中止し、国際法に基づき平和的に問題を解決するよう求めた。

また、米中の軍用機が（互いに）接近した際、不測の事態が起きるリスクを抑えることを目的とした両国間の取り決めについて、カーター長官は9月までの合意を目指すと改めて表明した。

（ロイター　２０１５年６月11日。傍点、引用者）

このあと6月16日に中国政府は「埋め立て工事は終了した。目的を達したのでやめる」と声明を出した。そして6月30日には、中国外務省の華春瑩《カシュンエイ》報道官（女性）が、正式に「南沙諸島での工事終了」を発表した。中国はアメリカと国際世論に対して慎重に遠慮して、おそらく今年の分の工事を中止した。

南沙諸島はもともと各国の主張がぶつかり合う紛争地域だ

この海域は、もともとフィリピンとマレーシアどころか、調べてみたら深くベトナムも加わって、中国を含めて４つの国で領土紛争が起きている地域である。このことを正確に日本国民に説明しない。だからいつものとおり、「中国が勝手に島と岩礁を奪い取りに来た」と日本人に信じ込ませるように国内報道をした。前述のジョン・ケリー国務長官の発言にあるとおり、「中国とすべての関係国に対し、埋め立て作業と軍事化の中止を求めた」となっているのだ。

フィリピン政府はすでにＩＭＯに仲裁の手続きをとっている。仲裁とは、争いがある時に、紛争の調停をすることである。英語では、mediation（メディエイション）とか、arbitration（アービトレイション）と言う。仲裁・調停の申し立てが行われているが、中国はこれに応じていない。フィリピンとマレーシアだけでなく、中国、ベトナム、台湾及びブルネイまでがこの海域の岩礁に、それぞれ領有権を主張している。地図でわかるとおり、現在、ブルネイを除いた５カ国（台湾を含む）が島や環礁を一つずつ実効支配（デファクト・コントロール）している。主要な島々にはすでに各国の少数の軍隊や警備隊が常駐している。まるで陣取りゲームのようだ。囲碁《いご》の試合に似ている。

問題が始まったのは、フィリピン、ベトナム、マレーシアがまだ独立していない時だ。1945年の段階では、これらの国々は独立していない。マレーシアはイギリスの植民地で、フィリピンはアメリカの領土で、ベトナムはフランスの植民地だった。

この南沙諸島の海域は、フィリピンのパラワン島の西の海域にあり、太平洋戦争のころは、パラワン島の両側を日本の連合艦隊が行ったり来たりしていた。艦船は岩礁には恐くて近寄らない。岩にぶつかって座礁《ざしょう》したらどんな船でも一巻の終わりだ。日本の連合艦隊は、ボルネオ島のブルネイに大きな基地を持っており、この全域を日本海軍が制圧していた。1944年10月に始まったレイテ沖海戦で、日本の連合艦隊が壊滅し、フィリピン各地の日本軍は完全に補給を断たれ、周辺海域にいた兵力も壊滅した。残るは残酷な特攻《とっこう》作戦だけだった。そして1945年8月、日本は敗戦する。

この1945年の終わりごろから領土問題が起きた。マレーシアもフィリピンも独立していない。どこが争っていたかといえば、イギリスとアメリカの紛争ということになる。ただし、イギリスとアメリカは仲がいいので、だいたい半分ずつにしようという話になっていた。だがそのまま放ったらかしにした。先々、領土・領海問題が起きることを知っていてジョン・フォスター・ダレス国務長官（当時）がわざと放置した。このことは、日本とロシアの北方領土でも言える。

マレーシアとフィリピンの独立後は、この両方の政府が宗主国《そうしゅこく》（コロニアル・マスター）であるイギリスとアメリカの主張を引き継いだ。しかし、主張と言っても、話し合いなどせず、さらに放ったらかした。ここに、のちに中国が割って入ったというのが大きな流れである。

１９８８年3月に、南沙諸島の領有権をめぐり、中国とベトナム両海軍が衝突した「スプラトリー諸島海戦」が起きている。中国が勝ち、ジョンソン南礁（赤瓜礁）のほか、永暑礁、華陽礁、ヒューズ礁（東門礁）、南薫礁、渚碧礁と、後に名付けられた岩礁または珊瑚礁を手に入れている（Ｐ91の地図を参照）。ベトナムが改めて「返せ」と主張をし始めたのは２００５年以降のことだ。

地図から分かるが南沙諸島はフィリピンとマレーシアに近い。ところがＰ１３５のより細かい正確な地図では、案外ベトナムが現在もかなり前方に進出していて、実際に20以上の岩礁を実効支配している。ベトナムの最先端の支配地はソンカ島である。これに対して中国がガベン礁とエルダド島でソンカ島をはさみ撃ちのように埋め立てをしている。

中国が支配するジョンソン南礁もすぐそばのベトナムの岩礁との張り合いである。中国はクアテロン島という島をベトナム側の岩礁たちの中に一つつくっている。このクアテロン島は、まるで敵陣に斬り込んでいって周りを取り包まれているような島だ。中国はきっとこのクアテロン島に大きな建物や港をつくっている。

海図をよく見ると、ここにウェストロンドン島とチュオンサ島というのがある。ここはベトナムが埋め立て、人工島の建設を行っている。なーんだ。ベトナムはちっとも負けてはいないではないか。南沙諸島全体の中で一番たくさんの岩礁《リーフ》を支配してるのだ。

このベトナムの二つの人工島のことを『ニューズウィーク』誌の2015年7月7日号（最新号）で、カール・セイヤー（オーストラリア国防大学名誉教授）が、「中国の埋め立てに比べればちっぽけなもの――専門家やメディアはそう言うだろう。それでもアシュトン・カーター国防長官はベトナム政府に対して埋め立て工事をやめるよう求めた」と言っている。その前のほうで「第二の問題は、ベトナムやフィリピンも中国と似たような拡張工事をしてきたことだ。実際中国は、これらの国は中国よりもずっと前に埋め立て工事を行っており、中国は同じことをしているだけだと主張している」とある。

前記の記事でジョン・ケリー国防長官も、「すべての関係国が埋め立てをやめるべきだ」と発言している。これが真実だ。日本国内にはこんな真実はまったく報道されていない。私は『ニューズウィーク』誌のことを「ウィークリーＣＩＡ」と呼んでいる。この週刊誌はアメリカの大衆向けの中立な出版社のふりだけしているが、事実は、国際記事の多くはＣＩＡの職員が民間ジャーナリストのふりをして書いている。このように私は考えている。だからこそ、『ニューズウィーク』誌に載る記事は重要であり、多くの注目すべき真実が書かれているのだ。捏造《ねつぞう》報道もする以外に。

この地図からわかることは、マレーシアが一番穏《おだ》やかだ、ということだ。マレーシアは自国である大きなボルネオ島（カリマンタン島とインドネシアでは呼ぶようだ）の沖合の６つの無名の岩礁と、１つの島ラヤンラヤン島を実効支配（実力支配）しているだけだ。そしてこのラヤンラヤン島に埋め立て人工島をつくっている。海図全体を大きく見るとかなりフィリピンのパラワン島寄りだから、素直に考えればこれらはフィリピンのものだと思う。だがそれでもだ。穏やかなマレーシアでもこんなものだ。

前述したヒューズ礁とジョンソン南礁（これをＰ１３３の写真で示す）とガベン礁という中国が支配している島々のすぐそばには、フィリピンではなくてベトナムが支配している岩礁がぴったりと付いているのだ。

そして、おそらく一番問題とされているのがミスチーフ礁であろう。これがその位置からして中国がフィリピンにケンカを売るようにして人工島を建設している島だ。

この他に、二つの島がすぐそば（５キロぐらいの距離か）で向かい合って対立するように人工島になっているのが、全体の北側にあるパグアサ島（フィリピン）とスービ礁（中国）である。このパグアサ島には、島民が70人ぐらい昔から住んでいる。フィリピン軍のための飛行場もすでに建設されている。

私が6月中の朝のＮＨＫＢＳチャンネルのニューズ番組（外国語の主要放送局のもの）を見ていたら、このパグアサ島の島民たちの様子が映った。そこから5キロぐらい向こうに島があって、そこにはボーッとかすれた感じで建設機械のクレーンが見え、建物もかすんで見える。

この有名なシーンをいつも放送しているのだ。こうなったら、いよいよどっちもどっちだ。フィリピンが一方的に弱い者いじめされている、というわけではない。

4つの国（台湾やモルジブの主張は無視しよう）は、どこもちっとも負けていなくて堂々とそれぞれの領有権を主張している。真実はこういうことなのだ。

中国が主張する「第9段線」（大陸棚《たいりくだな》条約を根拠とする）の一番外側のへリ、フチであるこの南沙諸島は、海南省《かいなんしょう》からもずいぶんと遠い。自然に考えると中国の主張は無理がある。中国の南沙諸島の領有権主張は言い過ぎである。主張を引っ込めるべきだ。そして残りの3つの国が仲裁によって全体を分割すべきだ。

この他にスカボロー岩礁というのがあって、２０１２年に、中国海軍とフィリピン軍がここで小さく衝突している。地図から見てあまりにフィリピン寄りだから、中国は撤退するべきだ。

だが、中国はどうせ引っ込まない。せめて、ベトナムに対して前述したクアテロン礁を返す（与える）べきである。フィリピンに対しては突出しているミスチーフ礁を返す（与える）べきだ。それぞれが譲歩すべきだ。そうすればこの南沙諸島をめぐる争いはきっと終わる。

だがどうせ、どこの国も簡単には譲歩しない。だから現状のままを「自分のものだ」と占有し続ける。

ちなみに、私は尖閣《せんかく》諸島は、中国のものだと考える。その理由は、カイロ会談（1943年11月）＝ヤルタ会談（1945年2月）＝ポツダム宣言（1945年7月）＝サンフランシスコ講和条約（1951年9月）に従って、日本が自分の意思で主権（所有権）を放棄した。だから中国（及び台湾）のものである、と考える。

それ以前は、日清《にっしん》戦争（1894年）＝下関講和《こうわ》条約で、清《しん》国（中国）から割譲されて台湾とともに、この海域は正式に日本のものになっていた。それを、第2次大戦の日本の敗戦で、連合諸国の決議を受け入れたので、他の植民地（朝鮮半島や満州、台湾など）と同じく放棄した。そしてとりわけカイロ会議決議を日本が承認したことで、中国のものになったのだ。戦勝国が敗戦国に押しつけたものだ、とあとから言ってもそれは世界で通用しない。条約は守らなければならない。それを破棄《デストロイ》する、と言うのなら、もう一度、連合諸国《ユナイテッド・ネイションズ》を相手に戦争をするしかない。

このように、前著『靖国問題と中国包囲網』（２０１４年）で書いた。読んでください。竹島（韓国名、独島《ドクト》）については、鬱陵《うつりょう》島に近いし韓国が実効支配している。その現状を認めて、韓国のものと認めて（＝快く差し上げて）、その上でこの海域を日韓で仲良く共同開発すべきだ、と書いた。

このように私が書くと、日本のドケチンボの偏屈、偏狭右翼の反中、嫌韓人間たちが、目をむいて怒る。私はこの知能の低い強欲人間たちの、「昔から日本人漁師の網小屋があった。だから日本の固有の領土だ」などという何の合理的説明もない主張を冷静に粉砕してみせる。

私たちは世界で通用する考え（これをワールド・ヴァリューズ World Values　世界共通価値観という）に従わなければいけないのだ。南沙諸島は、確かにフィリピン、マレーシア、ベトナムの３つの国の間にある。だから、このあたりを皆で平和に分割し合うという話し合いができればそれでいい、と私は考える。

中国が南沙諸島の領有を主張する根拠

「デファクト・コントロール（de-facto control）」が実効支配である。実力支配、実質支配とも言う。軍事支配地域（ミリタリー・コントロール・エリア）という考え方もある。これは、この他に軍事的な支配を現に行っているということだ。自分が実効支配している場合は、「返せ、返せ」と他国（相手）から言われても、知らん顔をして、なるべく黙っているのがいい。その地域は自分のものになっているわけだから、静かにしておく。この考えを元外交官の佐藤優氏が書いている。確かにこれが大人の態度というものだろう。だが、私はそれではすまないと考える。実効支配には、正しい所有権（国家主権）がない、という意味がどうしても含まれる。後《うし》ろめたいのだ。

前述した国際海事機関ＩＭＯ《アイエムオウ》の考え方の基《もと》になるのは、海洋法《かいようほう》(Law of the Sea《ラー・オブ・ザ・シー》)である。海洋法はAdmiralty law《アドミラルティ・ラー》とも言う。今はこれが、「国連海洋法条約」（ＵＮＣＬＯＳ《ユーエヌシーエルオウエス》）になっている。このＵＮＣＬＯＳ（アンクロス）に加盟している場合は、これに従わなければいけない。日本も、他の国々も入っている。ところが何と、アメリカ合衆国は今もこれに入っていない。共和党系（保守派）が反対するから入っていない。それなのに、中国にこのUNCLOSを根拠に説教を垂れることができるか。

この国連海洋法条約によって、航行権、採鉱権、海岸水域の司法権および国家間の関係が規定されている。これは国際法（インターナショナル・ラー）の一部である。これ以外にいわゆる海洋法という法律があるわけではなくて、これは国際条約である。「中国の埋め立ては国際法に違反している」とニューズ報道するが、国際法というのは、①条約②慣習法　③文明諸国の一般原則　④学説（立派な学者たちの考え）⑤重要な裁判　の5つからなる考えの束《たば》にすぎない。

だから「中国は南沙諸島問題で、国連海洋法条約はUNCLOSに違反している」と明確に言えないものだから、ムニャムニャとあいまいにして「中国は国際法に違反している」と言っているのだ。

6月4日に、フィリピンのノイノイ・アキノ大統領は日本に来て、中国と名指しはしなかったが（恐いから。国内の親《しん》中国勢力も強い）、「ヒトラーのナチスの行動を1939年に止める力がヨーロッパ諸国になかったことが悔やまれる」という演説をした。日本国内では、ほとんど何のことだか説明もなかった。日本はヒドい国で、知能の劣化がヒドいから、外国の元首の演説を正確に理解して報道することさえできない。

ここで、関連して問題になるのは、1982年に採択された「領土の沖合い200海里《かいり》

（３７０キロ）までを排他的経済水域《エクスクルーシブ・エコノミック・ゾーン》（ＥＥＺ）《イー・イー・ズィー》とする」という条約である。このＥＥＺも関連する。これが今回の各国の権利主張の裏側にある。「12海里《シーマイル》（22キロ）までが領海である」と今の国連海洋法条約では定めている。領土から沖合い22キロまでが領海で、さらにその先３７０キロまで権利を主張できる。

なぜこんなＥＥＺ（排他的経済水域）なるものができたのか。これは漁業（とくに鯨《くじら》漁）や海底資源の問題が持ち上がった時にできた。この「沖合い２００海里までの排他的経済水域は保護される」は、海に囲まれている島国である日本とっては、ものすごく有利な条約である。日本の周りの、人間が住んでいない離れ小島までも日本の領土なのだから、さらにそこから３７０キロメートルも円周状に、円を描いて自分のＥＥＺだと主張できる。

内陸国家や、大陸の中で他国と大きく国境線を接しているような国々は、領海などほとんど持っていない。だから、海の権利などない。この国連海洋法条約のＥＥＺが１９８２年にできたことと、１９８０年代から中国が自分の領土権を遠くの岩礁まで主張するもう一つの根拠が、大陸棚《だな》条約である。これも国際法である。

大陸棚とは、陸地から引き続いて傾斜が緩やかで水深１３０メートルまで続く海底の部分を指す。国連海洋法条約ＵＮＣＬＯＳ第76条で、「大陸棚とは、沿岸国の領海を越える海面下の区域の海底及びその下」であって、「大陸縁辺部の外縁まで、または、領海を測る基線から200海里まで」と定められている。

149ページの地図の太線は日本の「シーレーン」(海上交通路)である。そうすると、南沙諸島がそのすぐ東側にあることがわかる。船舶は、岩礁の多いところには絶対に近寄らない。船の航路というのは決まっていて、「安全な通路であるところ」である。そして船の航行権は絶対に守られなければならない。外国の領海内だろうがどこだろうが、世界中の船が自由に通行(航行)する権利がある。この自由通行権、無害《むがい》通行権のことも日本ではまったく国民教育されない。中国や北朝鮮の船は、日本のそばを通って太平洋に出ることはできない、ぐらいに日本国民は思い込まされている。道、公道、公海(オープンシー)の通行は、どんな人にも自由なのだ。通行を妨げることはできない。

国際法の古くからの考え方に、「テラ・ヌリウス」という考え方がある。国際法でよく使われる用語である。テラ・ヌリウス terra nullius「無主の地」なるものを説明する。この考え方が大事で、このテラ・ヌリウスはラテン語なのだが、これは「地図上にない土地」のことで、ノーマンズ・ランド no-man's land と英語では訳す。この「無主《むしゅ》の土地」の権利を誰が持つか、という理論だ。

人が昔住んでいた、暮らしていた形跡や痕跡はある。しかし現在は放ったらかしにされ

中国は大陸棚《だな》条項で「第9段線」までを自分の領海と主張する。そしてこれを第一列島線と呼んでいる

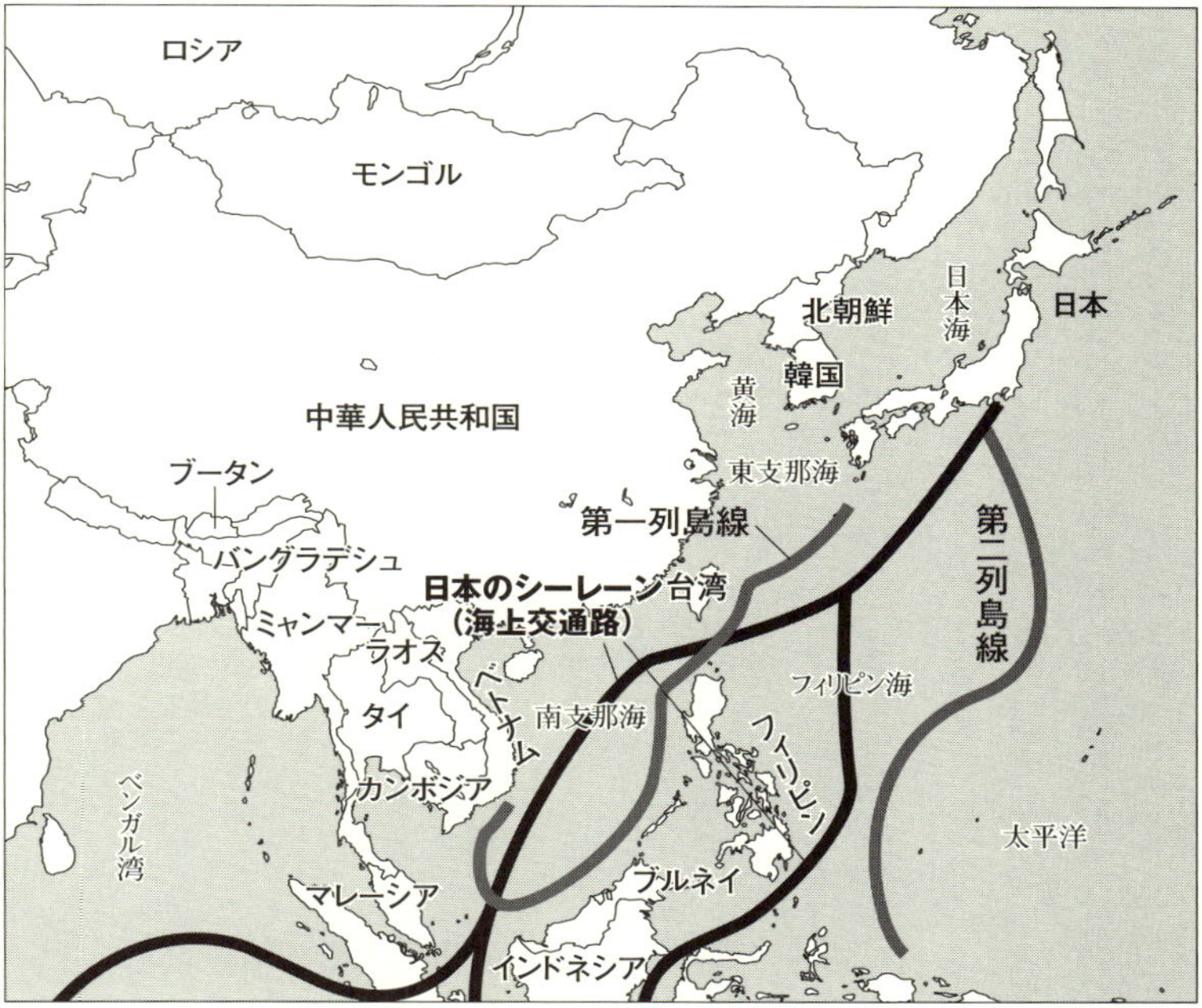

日本のシーレーン（海上交通路）が中国の第1列島線と重なるように走る。そして第2列島線とは、フィリピンの東、グアム、マリアナ諸島（アメリカ領）の手前までだ。この線は、中国がアメリカに対して、「ハワイからこっちのウエストパック（西太平洋）は、実質的に中国のもの（軍事支配圏）だと認めてね」と言っているものだ。アメリカはその度に“No”「バカ言うな」と強く拒絶している。日本は今は海軍力がないから領国のこの駆け引きをボーッと見ている。

ていて、無人の土地となっている場所の問題だ。

おそらくフィリピンやマレーシアには、この南沙諸島にフィリピン人やマレーシア人の漁民や住民が住んでいた、という記録があり、そう主張しているはずだ。この主張は、尖閣諸島（中国名は、釣魚台《ちょうぎょだい》）に対する日本の「昔、日本人漁師の網小屋があった」とまったく同じで、すなわちテラ・ヌリウスである。テラ・ヌリウスは強い権利ではない。実効支配に負けてしまう。尖閣諸島は、アメリカ軍の軍事支配地域（ミリタリー・コントロール・エリア）が沖縄返還（1971年5月）で日本に移された。それ以来、海上保安庁の船がグルグル回っているだけだ。

6月に入ると、中国が南沙諸島で埋め立て人工島をつくっている様子を、上空の飛行機や沖合の島からアメリカのテレビ局が望遠レンズで撮影をしているニューズ映像が朝のテレビ番組で流れた。

中国が埋め立てている岩礁（これがスービ礁だろう）から4キロ離れたところに、現に今60人のフィリピン人の住民が住んでいる島（パグアサ島）がある。その島の人たちのインタビューも報道されていた。4キロ向こうが望遠レンズでぼうっと見える。そこに建設作業中のユンボとかや建設資材が見える。最新の報道では、ファイアリークロス岩礁に、3000メートルの滑走路を中国がすでに建設完了したという（7月2日）。

フィリピンは中国に対抗できるのか

中国の主張に対してフィリピンは国際仲裁裁判所（これは国際司法裁判所《インターナショナル・コート・オブ・ジャスティス》の一部）に仲裁の申し立てをしている。フィリピン人は、米海軍（第7艦隊）で水兵や労役者として働いている者がたくさんいる。彼らが勇ましく中国と軍事衝突するのか、と私はずっと思っていた。

ところがまったくそのような感じがない。アキノ大統領以下、ブツブツ言うだけだ。「国際社会の正義に訴える」とか「アメリカよ、助けてくれ」という感じだ。

フィリピンにはたいした海軍力がなくて、岩礁群を見回って現在の実効支配で手一杯のようだ。日本はフィリピンに巡視艇を10隻無償供与する。今のところ、急にフィリピン海軍が行動に出て、中国とぶつかるという事態にはならないようだ。

日本よりも先に韓国がフィリピンに哨戒艦（1220トン）1隻と、多目的上陸艇（LCU《エルシーユー》）1隻を無償供与した。

「中国念頭に「強い非難」　フィリピンに巡視艇10隻供与
アジア安保会議で安倍首相」

安倍晋三首相は、２０１４年5月30日、シンガポールで開かれたアジア安全保障会議で基調講演した。南シナ海で緊張をもたらしている中国を念頭に「既成事実を積み重ね、現状の変化を固定しようとする動きは、強い非難の対象となる」と強くけん制。中国と領有権を争うフィリピンに新しい巡視艇10隻を供与する方針を表明した。

首相は講演で「法の支配」の重要性を重ねて強調した。「東南アジア諸国連合（ＡＳＥＡＮ《アセアン》）と中国の間で、真に実効ある行動規範が速やかにできるよう期待する」と関係国に努力を促した。

また、南シナ海で中国と領有権を争っているフィリピンやベトナムが、国際法に基づいた平和的解決を目指していることに支持を表明した。「日本は、ＡＳＥＡＮ各国の海や空の安全を保ち、航行・飛行の自由を保全しようとする努力に対し、支援を惜しまない」と述べ、新たな防衛装備移転三原則に基づき、警戒・監視などの分野で防衛装備品供与を含む支援に乗り出す考えを示した。

（時事通信　２０１４年5月30日　傍点、引用者）

安倍首相は、外国の会議の席ではこのように控え目だ。そうしないと東南アジア諸国からの理解が得られない。日本国内では安倍晋三は言いたい放題に中国と韓国を敵に回す放言を繰り返すので、財界人たちからもイヤがられている。「首相よ。もっと穏やかにやってくれ。私たちは外国に工場をつくり、現地の従業員を抱え、裁判やもめ事をたくさん抱えながら苦労して、日本国のために経営を続けているのだから」と言っている。

この記事の中の「防衛装備移転三原則」というのは、このあいだまで「武器輸出禁止三原則」だったものだ。それをひっくり返して、今では「武器」が「防衛設備」に変化して「武器輸出をしてもいい三原則」に変わった。フィリピンに日本がプレゼントする巡視船の内容が決まった。

「造船大手のＪＭＵ、フィリピン向け巡視船10隻受注　ＯＤＡで」

造船大手のジャパン・マリン・ユナイテッド（ＪＭＵ）は、６月４日、政府開発援助（ＯＤＡ）で支出するフィリピン向けの多目的船10隻を受注したと発表した。受注額は約１２８億円。（フィリピンで）巡視船として採用される見通し。中国による岩礁埋め立てが進む南シナ海などで、海上の安全確保に向けた能力強化を支援する狙いがある。

フィリピン運輸通信省とＪＭＵが４日、都内で多目的船の建造と予備品供給に関して調印した。ＪＭＵは巡視船など海上保安庁向けの船舶２００隻以上を手がけており、実績が評価された。

多目的船は全長が約44メートルで25人乗り。横浜事業所（横浜市）で建造し、２０１６年8月から18年にかけて順次納入する。フィリピンは広い海域に対して船舶数が不足しており、緊急対応や定期的な監視活動に必要な体制を確保できていない。

（日経新聞　２０１５年6月４日）

このように日本も、フィリピンも、アメリカの中国包囲網の一部として使われる。今後、南沙諸島の問題は国際司法裁判所で争われるだろう。中国としては、説明したように国連海洋法条約ＵＮＣＬＯＳ《アンクロス》の大陸棚条項やＥＥＺ《イーイーズィー》（排他的経済水域）の理屈を根拠にした主張を続け、国際司法裁判所法廷でたとえ勝てなくても時間かせぎをする。だらだらと何年も仲裁が行われ、そのあと裁判になり、時間だけが経つ。平和な話し合いであるだけましである。軍事衝突を避けることが賢い判断だ。だがその一方で各国の実効支配、人工島の建設はこのまま続く。

中国はまさしく、これらのサンゴ礁の埋め立て人工島をP87の「一帯一路」の世界地図のそこにはっきりとあるごとく大型船舶（軍艦も含む）のリレイ・ステイション（停泊地）にする気だ。このことは地図からもはっきりしている。そしてアメリカはどうせこのことを阻止できない。もし中国がフィリピン列島を越してグアム、マリアナ諸島の方まで出てくるというのなら、アメリカは本気で軍事衝突するだろう。だが、東シナ海、南シナ海のことではアメリカ国民は本気になれない。中国もこのことをよく知っている。

「来日中のフィリピン大統領、中国をナチスにたとえる」

来日中のフィリピンのベニグノ・アキノ二世（Benigno Aquino）大統領は6月4日、都内で行った講演で、中国をナチス・ドイツ（Nazi）になぞらえ、世界各国は中国に対し宥和政策（アピーズメント・ポリシー appeasement policy）をとり続けてはいけないとの見解をほのめかした。

中国は、南シナ海（South China Sea）の国際水域において大型軍用機が離着陸できる滑走路の建設を含む埋め立て計画を急ピッチで進めており、各国から懸念の声が上がっている。

都内で開かれた国際交流会議「アジアの未来（Future of Asia）」に出席したアキノ大統領は、中国の脅威《メナス》とそれを抑制《コンストレイン》する米国の役割に関して質問を受け、「支配の真空状態《ヴァキューム》が生じている。大国の米国が『わが国は関心がない』と言えば、他国の野望に歯止めがかからなくなる」と回答した。

さらに、「私は歴史学を学んだアマチュアにすぎないが、ここで思い出すのは、ナチス・ドイツが各国の出方を慎重にうかがっていたことだ。そしてそれに対する（弱腰の）欧米諸国の対応があった」と述べ、第二次世界大戦勃発の前年（１９３８年）にナチス・ドイツがチェコスロバキアのズデーテン（Sudetenland）地方を併合した際、「誰もやめろと言わなかった」と指摘した。

（時事通信　２０１５年６月４日）

日本が中国を強く批判できない理由

日本政府は、中国の南沙諸島における行動が国連海洋法条約に反しているとはっきりと名指しで批判したことはない。安倍晋三首相が勝手に「国際法に反した行動」と何の知恵（知能）もなく何度か言っただけだ。

安倍首相は前掲記事でも、南沙諸島周辺での岩礁の埋め立て工事に関して、「各国は境界が未画定の海域では物理的な変更を与える一方的行動を自制する原則を尊重しなければならない」と発言した。ここでも中国を名指しで批判してはいない。「各国は」と言っている。

今年６月にドイツで行われたＧ７の共同声明文も、「現状の国際秩序、つまり国境線を変えてはいけない」となっている。Ｇ７《ジーセブン》（Ｇ８だったがロシアを除名した）はロシアを追放して、ここには中国も入っていない。だから自分たちだけで決めたということだから、この共同声明に中国は拘束されることはない。

「Ｇ７閉幕、首脳宣言で中ロを非難」

ドイツ南部エルマウで開かれた先進７カ国（Ｇ７）首脳会議（サミット）は、２０１５年６月８日、中国やロシアが進める力による「現状変更の試み」を非難する首脳宣言を採択して閉幕した。中国による南シナ海での岩礁埋め立てに「強い反対」を明記した。ウクライナ危機をめぐる停戦合意の完全履行がない限り、対ロシア制裁を継続する方針を示した。温室効果ガスを２０５０年までに（引用者註。こんなに先では約束の意味がない）２０１０年との比較で最大70％削減を視野に努力する新目標を掲げた。

中ロの反発で問題の長期化は必至だ。日本が議長国を務める来年の伊勢志摩サミット（三重県）でも対中ロ外交が焦点となりそうだ。


（共同　２０１５年6月9日）


では、なぜ日本国政府は中国を批判しないのか。と言ったら、それは沖ノ鳥島と南鳥島の領有権問題があるからだ。

日本では南鳥島、沖ノ鳥島と言って、「島」と呼んでいるが、これらは世界基準では、「リーフ」岩礁である。人が住んでいるわけでもなく、住めるほどの岩場でもない。沖ノ鳥島に至っては、この写真にあるとおり、周りを護岸工事で覆い、これ以上波に削られて水没しないように守っている。おそらくこの周囲を毎日、海上保安庁の船＝海の警察官が巡回（パトロール）している。このパトロール（遊弋《ゆうよく》）自体が実効支配である。縄張りへの地回《じまわ》りだ。

この沖ノ鳥島を日本国政府が領土だと主張し、護岸工事を始めたのは１９８７年、いまから28年前のことだ。真ん中にある岩礁が海の中に沈まないように周りをテトラポッドで

日本が埋め立てている沖ノ鳥島の姿

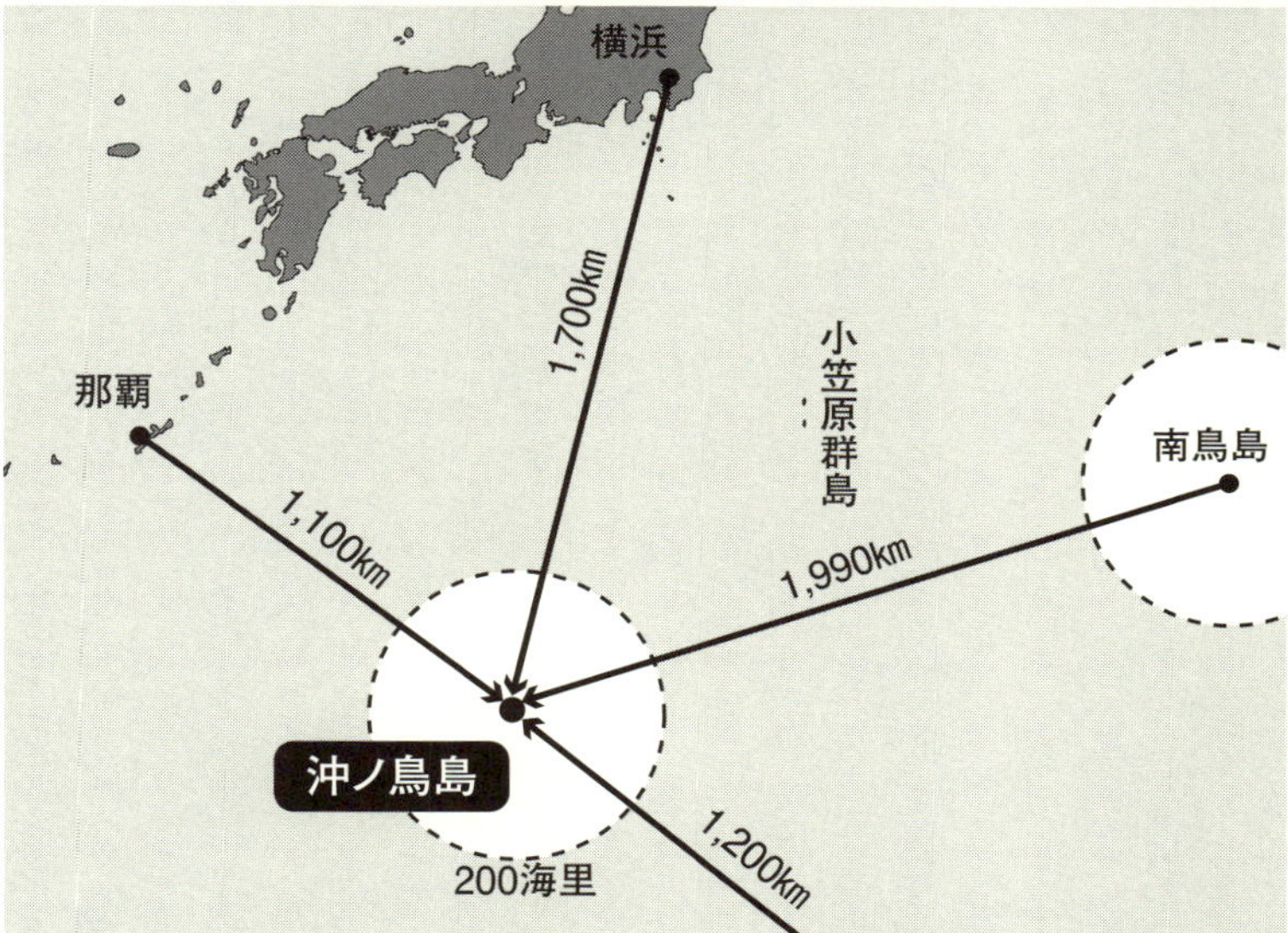

これが日本政府が着々とやっていることだ。中国やフィリピン、ベトナムがやっていることとまったく同じだ。そして国際社会はこの人工島を認めていない。沖ノ鳥島と南鳥島を、島＝領土だとさえ認めていない。明らかに見るからに岩礁(reef)だ。

写真提供：共同通信

取り囲んでいる。埋め立てや拡張工事をしていない。それをやると前記の国連海洋法条約の「現状の変更」になる。かつ、埋め立てをすると、ここはサンゴの岩なので、珊瑚礁を壊すことになって自然環境破壊になる。だから珊瑚礁を壊さないように、と。日本政府は周り、すなわち諸外国に注意を払いながら岩礁に防波堤をつくった。

この沖ノ鳥島を巡っては、2004年4月22日に行われた日中間外交当局者協議で、中国は、沖ノ鳥島を「岩礁《リーフ》」だと主張した。その後、中国は日本に無断でこの海域周辺を海洋調査した。2012年4月に、国連の大陸棚《だな》限界委員会で日本国最南端の沖ノ鳥島の北方など太平洋の4海域約31万平方キロを、日本の大陸棚として新たに認める勧告を採択した。現在はまだこの段階だ。日本の領土だと国際社会（＝世界）が認めたわけではない。

南鳥島《みなみとりしま》に関しては、太平洋戦争で日本が負けて、1951年のサンフランシスコ条約によって、アメリカの正式の軍政下（米軍の管理権）に入った。おそらく今の尖閣諸島にも米軍の管理権（ミリタリー・コントロール・ゾーン）がある。それで航空防衛識別圏（A《エー》DIZ《ディアイズィー》　Air《エアー》 Defence《ディフェンス》 Identification《アイデンティフィケイション》 Zone《ゾーン》）を中国が敷いた。と去年、騒ぎになった。アメリカも日本も尖閣上空にADIZを敷いていてスクランブル（戦闘機の緊急発進）をかけている。中国がこれをやると「危ないじゃないか」と言い出した。互いに危ないに決まっている。自転車レースでの押し合いへし合いと同じだ。このようなことをしている。

そして1968年6月に、沖縄返還よりも4年早く、南鳥島はアメリカから返還され、東京都小笠原村に属している。この島には海上自衛隊の南鳥島航空派遣隊が編成されている。

南鳥島は日本の実効支配の及ぶ島では唯一、他の島と排他的経済水域（EEZ）を接していない。ポツンと半径200カイリ（370キロ）で囲める三角形の島である。日本の島としては唯一日本海溝の外側にある。日本で唯一太平洋プレート上にある。この南鳥島の周囲半径370キロが全部日本のモノだ、となれば、これは日本国の大きな海洋の利権である。だが、諸外国がスンナリとは認めるはずがない。

沖ノ鳥島のほうは、見るからにサイパンのある北マリアナ諸島に近い。南マリアナ諸島にはグアムがある。グアムとサイパンの間にロタ島がある。このロタ島から北が北マリアナ諸島で、グアムは南マリアナ諸島に入る。現在は併せてマリアナ諸島で、何が問題かといえば、実は、1914年に第一次世界大戦が始まるや日本は〝海夫の利〟で身勝手に攻撃してグアム、サイパンを奪い取る（占領する）ことをしている。どこから？　ドイツから。マリアナ諸島はドイツのものだったのである。

ドイツは当時、清朝政府から中国の膠《こう》州湾という、青島《チンタオ》市がある一帯を強引に正式に奪って租界地（コンセッション）した。山東《サントン》半島もだ。そして日本第一次世界大戦が始まると、日本はこれ幸い、と連合国側（英仏米露）に付いて参戦して〝火事場泥棒〟のように、青島を爆撃してここも占領した。日本軍はドイツ領マリアナ諸島を支配下に置いたのだ。

このあと1919年1月からの、パリ講和会議で締結されたベルサイユ条約（6月締結）で、青島は正式にドイツから日本の租借地となり、マリアナ諸島は日本の委任統治領《トラスティ》と認められた。このあとマリアナ諸島ではサイパン島を中心に、日本人入植者による殖産興業が進められた。そして第二次大戦になって、ここの日本人入植者たちが、米軍に追いつめられて「バンザイ・クリフ（崖《がけ》）からの集団飛び込み自殺」の悲劇につながった。だから歴史の教訓として、いいかと思って火事場泥棒をしてはいけない。何十年後かに必ず自分に報いがくる。歴史がそのことを教えている。

青島《チンタオ》の支配に関しても、日本は中国と条約を結んだわけではない。ドイツの利権を奪い取って、それをベルサイユ体制（連合諸国《リーグ・オブ・ネイションズ》）が認めた、ということである。それでもこれは正式な条約である。だから、尖閣諸島についてもヤルタ＝ポツダム体制という現在の国連＝連合諸国による世界体制によって、日本から奪い返されて中国のものだ、と国際社会で決まったのだ。日本の安倍晋三たちが何を言おうが、世界は冷酷にそのように決めて動いてゆく。

これらの経緯から、もしドイツが再び、突然サイパンに軍艦を派遣して、「マリアナ諸島はドイツのものだ」と主張する根拠がないわけではない。今のドイツはそんな愚かなことはしない。が、権利の主張をしようと思えばできるのだ。

島々が南北にずっと並んでいる北マリアナ諸島から、南鳥島をたどってさらに西にいくとボーニン・アイランドすなわち小笠原諸島にたどり着く。ここに父島、母島がある。ここには日本人が住んでいるので、明らかに日本の領土である。このように沖ノ鳥島と南鳥島の問題があるから、日本政府と国会議員たちがこの問題を言いたがらないのだ。外務省の職員が、政治家（国会議員）一人ひとりを訪ねて、「先生。この問題は、このようになっていますから、ご理解いただいて騒がないでください」と説明しているからだ。

領土紛争は話し合いと調停で解決すべき問題である

国連海洋法条約には違反国への制裁や強制力がない。仲裁機関は前述したとおりある。紛争の当事者同士が仲裁や国際司法裁判所に提訴して争えばいい。そして実際にはそれぞれが自分の権利を主張して簡単に譲るわけがない。

それでも今回の中国の南沙諸島の急速な埋め立てと島づくり（領土としての主張）は、

オーバーリーチ（やり過ぎ）である。中国はフィリピンとマレーシアとベトナムに少しは遠慮しなくてはならない。だがこの3国も互いに争い続けるだろう。Ｐ１３５の詳細な地図のとおりだ。

中国が南シナ海（南沙諸島他）にまで進出するようになったのは、１９７４年にベトナム軍と西沙《せいさ》諸島（パラセル・アイランズ）でぶつかった時からだ。このあと中国とベトナムは中越戦争（１９７９年）になって、北ベトナムの国境線で激しくぶつかった。そして何と中国軍がボロ負けに負けた。

この事実も日本ではあまり知られていない。毛沢東の弾圧から、からくも生き延びた鄧《とう》小平《しょうへい》は、党の他に中国軍を握った。そして人民解放軍をわざとベトナムにぶつけさせた。そして「ほらみろ。お前たちは、愚かな毛沢東思想に狂って世界の発展も知らないで、軍の近代化ができていないから、ベトナムにさえこんなに大敗したのだ」と、鄧小平は軍の幹部たちを大粛清《しゅくせい》した（殺しはしなかった。どんどん辞めさせた）。そして改革開放政策で、中国を急激に豊かな国にした。

ベトナム戦争が終わって（１９７５年）、１９８０年代はベトナムにはずっとソビエトの軍艦が入っていた。ソビエトがずっとベトナムに軍事支援を続けたからだ。ソビエト海軍は１９８８年からサイゴン沖のカムラン湾から撤退した。なぜなら１９８９年からソビエト崩壊が始まり、やがて崩壊した（１９９１年12月）。そして今のロシアになった。だからベトナム沖の海域にまでロシアは出てこれなくなった。それで中国がロシアに代わってこの海域で勢いづいたのだ。

１９９５年には、米軍も国力低下（軍事予算の削減）で、フィリピンのミスチーフ岩礁から、米軍駐留を撤退した。アメリカは自分で軍事支配権を捨てたのだ。このあと中国が居留守を狙って、ミスチーフ岩礁に住みつき（軍隊の駐留）始めたのだ。そして現在に至る。これがすべてのことの経緯《けいい》（時間の流れ）である。日本では誰もこういう全体説明をしないから私が調べて、やった。

今年９月に習近平がアメリカを訪問する。その際行われる米中会談首脳会談では、習近平とオバマは、この問題をあまり話し合わないだろう。オバマは、「中国は南沙諸島での島づくりを止めなさい。出しゃばりすぎだ。少しは遠慮して撤退しなさい」ぐらいは言うだろう。私はオバマが正しいと思う。しかしそれ以上の話は何もない。それよりもオバマと習近平は、（イランの次に）北朝鮮の核兵器を取り上げ、これ以上の核開発をやらせない、ということで頭がいっぱいだからだ。この「北朝鮮の核抜き合意」のほうがずっと重大な課題だ。世界の指導者として一番大事な任務である。

昨年騒がれた中国がベトナムと争っている西沙諸島《パラセル・アイランド》周辺で行っていた海底の石油と天然ガスを見つける資源探査用の海洋リグの事件は解決した。中国は2014年7月に海洋リグを撤退させた。撤退させたことでこの件でのベトナムの怒りは一応静まった。

「中国、南シナ海の掘削装置撤収　ベトナム警戒継続」

中国政府は7月16日、5月に南シナ海の西沙（パラセル）諸島の周辺海域で設置を強行した石油掘削装置（リグ）による資源探査活動を15日までに終えたと明らかにした。猛反発していたベトナムとの緊張関係はいったん緩和する見通しだ。しかし中国は南シナ海のほぼ全域の主権を主張する強硬姿勢を崩したわけではない。

中国側はすでに掘削装置を撤収し、ベトナムが主張する排他的経済水域（EEZ《イーイーズィー》）の外に移したようだ。掘削作業にあたった中国石油天然気集団（CNPC《ペトロチャイナ》）は、中国領海内の海南省沖に向けて移動中とした。

（日経新聞　2014年7月16日）

中国には、この他にフィリピンとスカボロー礁をめぐる紛争もある。スカボロー礁はルソン島の西２２０キロのところにある環礁（リーフ）である。中国の艦船がこの辺を動き回っているようだ。このスカボロー礁も、あまりにフィリピンに近過ぎる。これも中国の主張のし過ぎだと私は思う。中国は遠慮しなくてはならない。

中国はフィリピンが提案した国際海事機関ＩＭＯ《アイエムオウ》の仲裁の話し合いに応じるべきである。南沙諸島の問題に関しては、ベトナムとフィリピンとマレーシアそして中国の４カ国が当事者である。当事者で話し合わなくてはならない。おそらくそれぞれが実効支配している島や岩礁のままで、落ちつくしかないだろう。

第5章

欧州とアジアをつなぐアラブ、イスラム教徒の底力

副島隆彦のイラン、ドバイ訪問記

２０１５年４月、私は中東（ミドル・イースト）に調査旅行に行った。中東《ちゅうとう》というのはアラブ人（アラビア人）の世界だ。北のトルコ人と東のイラン人（ペルシャ人）はアラブ人 the《ジ》 Arabs《アラブズ》 ではない。それでもすべて『コーラン（クルアーン）』を聖典《キャノン》とするイスラム教徒である。

トルコ語もイラン語（ペルシャ語）も他のアラビア（語）人たちと何とか通じるのではないか。イラン人の案内係が、「『コーラン』を読んでいて、時々、自分たちイラン人にわからない単語が出てくる」と言っていた。

イランの首都テヘランと、アラビア湾岸（「ザ・ガルフ」と言う）のアブダビとドバイに行った。今の中東世界全体は、ドバイがハブ空港になっていて玄関口になっている。ここを中心にして、他の中東地域《ミドルイースト・リージョン》の国々に飛行機が飛んでいる。世界から見ても中東の空の拠点といえば、今やドバイだ。イラン・イラク戦争（通称イラ・イラ戦争　１９８０～88年）、湾岸戦争（１９９１年　イラクのクウェート侵略）、そしてイラク（アメリカの侵略）戦争（２００３～２０１１年）の間に、〝戦争景気〟でドバイが、この30年でど

ドバイのバージュ・カリファ
高さ828メートル 160階建てで世界一

中国がこれを抜く世界一ビル（838メートル）を計画しているが、実現していない。

んどん栄えていった。1930年代に〝東洋の魔都〟と呼ばれた上海の繁栄と似ている。東アジアでいえば、韓国の仁川《じんせん》（インチョン）がハブ空港になっていることと同じだ。今や日本の成田や羽田は旅客量からもローカル空港だ。旅行者はいったんこのハブ空港に行って、そこから振り分けられる。トランスファー（乗り換え。トランジットというのは日本だけで使ってきた変な英語）してあちこちに配られるという感じだ。帰りも、またドバイに客を集めてから、それぞれの国に戻す。

ドバイにはエミレーツ航空という有名な航空会社がある。女性フライト・アテンダントの例の赤いベールがかかっている帽子で有名だ。ドバイから乗り換えてイランの首都テヘランに行った。首都のテヘランだけ見ておけば何とかなるだろう、と計画した。

イラン国の西側のほうは、イラクとの国境だから、恐らくすでにイラン軍が出撃して、例のＩＳ《アイエス》（イスラミック・ステイト、イスラム国）の凶暴な原理主義者の団体（本当は深く仕組まれた人殺し専門の傭兵部隊、mercenary《マーシナリー》）と戦闘をしている。

イラン軍はクルド人部隊と一緒に戦っている。クルド人もいくつかの政党に分かれている。クルド人の都市（首都）であるイラクの北部のモスルをＩＳから奪還する作戦を、今やっている。

ドバイの調査で

モスクに毎日、男たちが集まる。中に入りきれなくて道まであふれている。モスクは政治的な集会場でもあることがわかった。

テヘランは大きな都市で首都だから、市内には戦時態勢の緊張はなかった。それでもテヘランは沈んでいて全体として暗い感じがした。今からもう35年前の１９７９年、アメリカとの激しい争いが始まった。１９７９年に（国王《シャー》）パーレビ（モハンマド・レザー・パフラヴィー）の体制が打ち倒されて、パリからアヤトラ・ホメイニというイスラム教の宗教指導者が帰ってきた。

これがホメイニ革命だ。そのさなかに過激派学生たちがアメリカ大使館を占拠した。アメリカ大使館員たち十数名を人質にするという事件が起きた。それ以来アメリカとの激しい対立が起きた。イランの石油は完全に国有化された。アメリカのエクソン・モービルの石油会社は追い出された。パーレビ国王（パフレヴィ朝）を背後からあやつっていたアメリカの石油資本が撤退したということだ。

私が泊まったホテルはかつてのインターコンチネンタルだった。今はラーレ・ホテルといって、このラーレは、「チューリップ」という意味だった。この旧インターコンチがあるのは、テヘランの北部の中心地で、今もテヘランの北のほうの一等地であるこの辺りに宗教指導者たちも住んでいる。

今も経済封鎖（エコノミック・サンクション）とエンバーゴー（禁輸《きんゆ》）が続いている。だからイラン国は全体としては貧乏な感じだ。

ドバイ、アブダビ、カタール、バーレーンの位置関係とホルムズ海峡

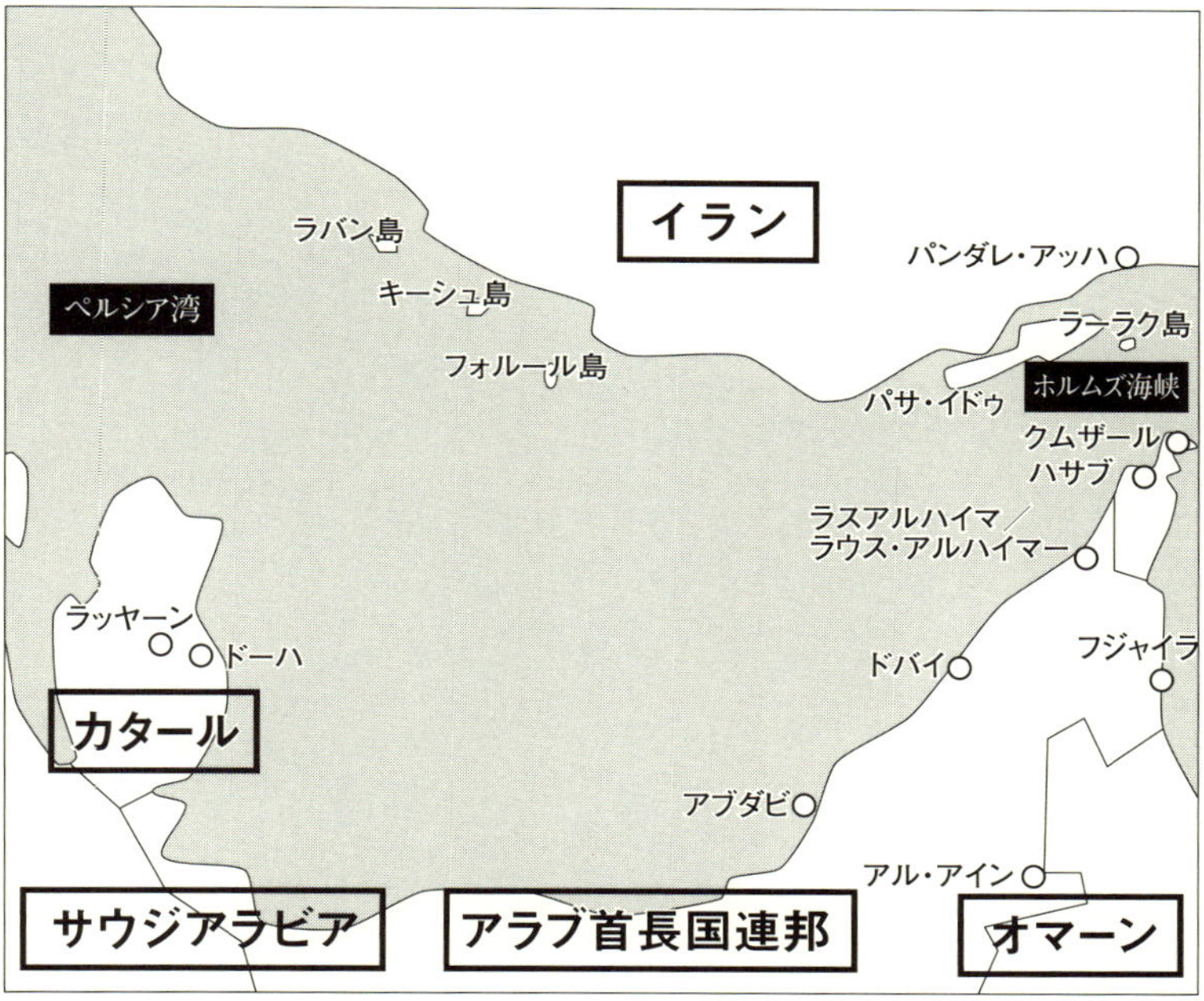

日本の安保法制の中心は、常にこのホルムズ海峡での機雷封鎖を想定した自衛隊の掃海艦《そうかい》（マイン・スゥイーパー）の派遣問題である。海の戦争は古来、機雷布設が中心である。

宗教革命による宗教政治国家だから、イランではチャードルという、例の黒い服を女性はすべて着ている。その上からマントと呼ばれていたが同じく黒のスカーフを被る。サウジアラビアほど黒ずくめではない。サウジアラビアの場合は、若い女性は顔も隠す。顔の前に黒い四角の布をかぶせる場合と、私も今度初めてわかったけれど、月光仮面みたいに両目だけ見せて、忍者頭布《ずきん》と同じで頭をぐるっと包み込む場合もある。この特殊な布の使い方を私も勉強した。

私たちは少年の頃、遊びの忍者ごっこでやった。ただ、あのころはただの風呂敷だから、布の横幅の長さが足りなかったのでうまくいかなかった。布が横にもっと長いことで、きれいに目だけを三日月形に出す顔の包み方がある。あるいは初めから真ん中が割れていて、目や顔だけが外に出るという黒いスカーフもあった。まっ黒のチャドルに、赤とか紫とかの細長い筋みたいなの描かれているものもあって、ファッション性を出しておしゃれな女性もいた。

このチャードルの下は、下着は赤とかきんきら金のやつを着るらしい。バザール（市場）に行くとそういうのをたくさん売っていた。これはかつて私が行った、中央アジアのカザフスタンでも、トルコでも同じだった。チャードル（アラブ世界では「アバーヤ」と言う）を着てる分だけ下着がすごいというのがイスラム世界の女の人たちの衣服の慣習（カスタム）だ。

サウジアラビア女性の場合は、金持ち層は素肌に、恐らく金《きん》とダイヤモンドでできた首飾りや、いろいろの宝石がついた腕輪（ブレスレット）を、身に着けている。「ゴールド・スーク」と呼ばれる貴金属市場がアラブ諸国では栄えていた。お金持ちであれば、数千万円から数億円の飾り物を体に着けるようだ。

イラン国は経済封鎖（サンクション）を西側世界から食らっているから貧乏そうだったが、それでも大きな国だから、観光旅行客はたくさん来ていた。７月までにイランの核交渉、もっと簡単に言えば「核抜き」交渉の合意がジュネーブでなんとか合意達成する。だからイランへの経済封鎖が緩《ゆる》んでいるという状況にある。すでにイランの石油輸出が始まっている。トルコ経由で物資も入っている。

イランの国立銀行（中央銀行）の裏手に回って、宝石だけを見れる特別な部屋を見に行った。ここに世界最大の182カラットの長方形のピンク・ダイヤモンドが飾られていた。この世界最大のダイヤの片割れは、今のイギリス女王エリザベス二世の王冠《クラウン》の真ん中に付いているそうだ。この世界一のダイヤモンドがイランの国家の信用力の土台である。イランの場合は、単に金《きん》の保有で準備（リザーブ）、国家の信用とするだけでなく、これらの世界一級品の宝石類を信用《クレディビリティ》の土台にしているとわかった。同じくトルコのトプカプ宮殿の旧オスマン・トルコ帝国のオスマン家の大きな宝石類もやはり信用の土台なのだ。世界帝国《ワールド・エムパイア》をつくった民族の自信のようなものが残っている。

遊牧民が築いた帝国の歴史

ここからペルシャ帝国の歴史の話をする。大きなイメージとして、イラン高原というのがあって、そこから馬に乗ってどどどっとバグダッド（メソポタミア）まで攻め下って行った。このイメージが、世界（史）を理解する上で一番重要だ。これがわかると人類の世界史がわかる。これでペルシア人が何回か、歴史上の大帝国をつくった。まずこの感じで全体を理解すべきだ。かなり知能（知的学力）が低下している今の日本人でも、なんとか大きく、世界史（それはわずかこの５０００年間の人類の歴史の諸文明のことである）というものがわかる。人間が馬という動物を使ったことが世界史の理解で重要だ。馬が15世紀まではすごく強かった。

今で言えば、戦闘機、戦闘爆撃機だ。馬に乗って。馬でどっと攻め込んで、接近戦で、目標の敵方を一人見つけて、狙いを定めて射殺する。ほんの2～3メートルのところまで馬で寄っていって、疾走する馬から、通り過ぎて振り向きざまに矢で射る。弓は馬上で使える短い弓だ。そうやって射殺《いころ》す。そしてそのまま馬でドドドと走り去ってゆく。これが恐ろしく強かった戦法だ。日本の京都などにも騎馬武者のヤブサメの儀式が残っている。当てる的《まと》までほんの数メートルのところまで寄ってから射るので見ている人たちは興醒《きょうざ》めする。

どどどっと馬で真っすぐ攻めてきて、敵を射殺して、そしてぐるりと回って引き返していく。この遊牧民《ノウマド》（騎馬民族というヘンなコトバもある）による突撃戦法が「パルティアン・ショット」で、これにユーロアジア（＝ユーラシア）大陸全体が征服されていった。だから西暦1241年に、モンゴル軍は、中東を攻めている（フラグ汗《ハーン》の軍団）のとまったく同じ頃、ヨーロッパのポーランドまで攻め込んでいる（ジョチ汗《ハーン》の軍団）。「ワールシュタットの戦い」という。モンゴル軍がドイツ騎士団とかのヨーロッパ軍に勝っている。ところがこの1241年に第二代大ハーン（皇帝）オゴタイ（ウゲディイ）が死んだので、モンゴル軍は引き返していった。あのままモンゴル軍が攻めていたら全ヨーロッパがモンゴル帝国に征服されていただろう。このあと、200年間（1480年まで）、ロシアのあたりは全部、「タタールのくびき」と呼ばれてモンゴルが占領した。

この馬でドドドと遊牧民が攻め込んでくる世界史（人類史）の理解のもう一つの大きな場面が中国だ。中国の歴代王朝（中華帝国《チャンホワデーグオ》）の興亡を見てみよう。

紀元前221年に秦《しん》の始《し》皇帝（これが中国の皇帝制度の始まり）が、周囲の王国を平らげて（征圧して）初めての帝国をつくった。この前には皇帝《ファンディ》という言葉はない。始皇帝は自分が死ぬ前からあの兵馬俑《へいばよう》で有名な自分の墓をつくり始めた。秦の始皇帝は、どうもずっと西のほうから移動してきたイラン人（色目人《しきもくじん》、ペルシア人）か、それよりも古いヒッタイトの遊牧民ではないか。兵馬俑の兵士像をじっと見ているとペルシア人のような顔立ちだ。

　秦の帝国軍は、鉄製の強い車輪《サイクル》のある乗り物で移動している。どうもヒッタイトの一部がずっと東の中国にまで移動してきたのだ。そして春秋《しゅんじゅう》戦国時代（周《しゅう》の王朝）の中国で新しい帝国をつくったのだ。だから遊牧民系だ。ヒッタイト帝国は紀元前1800年ぐらいから今のトルコ（アナトリア）に興っている。そしてエジプトと何度も戦争している。いつもパレスチナ（今のイスラエル）の平原を奪い合っている。

　秦《しん》のあとの漢《かん》は漢民族《ハンレイス》で、今の中国人の祖先とされる。漢字（の文）をつくった。そのあと乱れて三国（史）の時代（西暦200年代）だ。三国（志）の魏《ぎ》（の曹操《そうそう》）も呉（の孫権。今の上海あたり）も蜀《しょく》（の劉備玄徳《りゅうびげんとく》。今の四川盆地）も何人かわからない。魏《ぎ》はドドドの遊牧民だろう。それから西暦500年代（6世紀）に興った隋《ずい》と唐も遊牧民（ソグド人あるいは鮮卑《せんぴ》族）である。きっとドドドと西の方（西域《さいいき》）から馬で攻め込んできたのだ。だから漢民族ではない。その前の北魏《ほくぎ》（5世紀）帝国は、鮮卑族拓跋《たくばつ》氏であることがはっきりしている。

唐のあとの9世紀（880年）からの宋《そう》の時代は立派な漢民族だ。そこへ北方の遊牧民の遼《りょう》（契丹《きったん》、ウイグル族の）が攻めてくる。遼はトルコ民族系だろう。当時の宋（10世紀ころ）は立派な漢人の帝国なのに、遼のドドドに弱くて、懐柔策《かいじゅう》で、大金を払って手なずけたりした。ところが、この遼のさらに北から今度は金《きん》という満州人の遊牧民がドドドと攻め込んできた。そして金《きん》が遼を亡ぼした。宋は攻められて南に逃げた。それが南宋《なんそう》で文明としては高くて立派なのだが、亡命政権の帝国である。

亡ぼしたのは何とその金《きん》のさらに北からドドドと攻めてきたモンゴル族（まさしくチンギスハーン）である。1200年前後だ。モンゴルが同じドドドだった金《きん》（満州人）を滅ぼしてしまう。

このあとモンゴル帝国三代目のフビライハーンが、南宋を滅ぼす（1279年）。朝鮮半島の高麗も滅ぼす。そしてすぐに日本に攻めてくる。1274年、1281年の二つの元寇《げんこう》である。同時にモンゴル軍は雲南《うんなん》省からベトナムやタイ、ミャンマーのほうにまで攻め下りている。海や山地では征服はあまりうまくいっていない。フビライ・ハーンは色目人（イラン人や白人種）を大事にしたので、遠くからマルコ・ポーロ（イタリア商人）のような人々も集まってきた。貿易管理用の人材としてマルコポーロも数年間雇われている。モンゴル（元《げん》の支配は100年続いた）のあと1300年代には朱元璋《しゅげんしょう》という白蓮教という中国化したキリスト教（道教も元はキリスト教）のネットワーク（秘密結社）から出てきた庶民の男がモンゴルを北に追い払って明《みん》帝国をつくる。

この人の子の永楽帝《えいらくてい》が、1400年に「鄭和《ていわ》（イスラム教徒で宦官《かんがん》〈ユーナック〉）の大艦隊」を派遣してアラビア半島とアフリカのマダガスカル島辺りまで行っている。当然、インド商人やアラビア商人（既にイスラム教化している）と交易をしている。

漢民族（定住民）の明《みん》は、1630年頃に、これまた今度は満州のほうからドドドと攻め込んできた満州族（の女真族）の清《しん》に滅ぼされる。

この頃に明の仏僧や官僚たち（高級知識人）が日本に亡命してきた（代表、隠元《いんげん》禅師、朱舜水《しゅしゅんすい》＝水戸《みと》学をつくった儒者）。日本は江戸時代の初めごろだ。

それより300年前の元《げん》が攻めてきた時も、亡命してきた中国の高級知識人たちがいる（代表、鎌倉の円覚寺、建長寺という亡命知識人収容所をつくってもらった無学祖元《むがくそげん》や兀《ごっ》庵普寧《たんふねい》）。彼らが日本の権力者たちに緊迫した世界の動きを教えた。

明《みん》を滅ぼした清《しん》はドドドの満州族である。彼らは初めは金《きん》帝国の跡《あと》継ぎ（後継者）を自称したので後金《こうきん》と名乗った。

私は旧満州に自分で行ってみてわかったのだが、金《きん》の部族の始まり（興り。先祖の地）は今の長春《ちょうしゅん》（日本の軍部が統治した時は新京《しんきょう》。傀儡《かいらい》満州国の首都）のあたりだ。そのあとの同じ満州人（マンジュリアン）の清の興りは、もっと南の今の瀋陽《しんよう》（かつての奉天《ほうてん》）である。ここに太祖ヌルハチと太宗ホンタイジの大きな陵墓があって見に行った。

中国は大清帝国時代の自信を取り戻す

大清帝国は300年も続いた。1840年の阿片《あへん》戦争（オピアム・ウォー）でイギリスにボロボロに打ち破られて満人《まんじん》貴族の支配層は阿片で頭をやられてた。中国はこの時からどんどん弱体化した。そして欧米列強による割譲で植民地支配された。1911年の辛亥《しんがい》革命で清《しん》を、漢民族が打倒した。が、中国の苦難はさらに続き日本も攻め込んできて中国人は地獄の苦しみを味わった。さらに、中国共産党（毛沢東）による建国（1949年）のあとも地獄は続いて、1958年（大躍進《だいやくしん》運動のせい）には餓死者が大量に出た。さらに1966年からの10年間の文化大革命（1976年、毛沢東の死まで）でおそらく1億人が餓死や撲殺死で死んだ。これで日本人はすっかり中国ギライになり中国は恐怖の対象になった。

中国は地獄から這い上がった。1979年に鄧小平の改革開放が始まった。資本主義の市場経済を導入して36年が経つ。中国は急激に豊かな国になった。中国は1841年（阿片戦争に負け）から1979年（鄧小平による中国の再復興の始まり）までの138年間、本当に地獄の底を這い回った。文革時代は人々は木の皮をはいで食べて生き延びた。本当にそこら中に死体がころがっているような時代がつい40年前まであった。

だから日本の中国ギライたちは、中国人に対して礼節を知らない、人食い民族の「犬畜生のような中国人（ついでに韓国人も）」という侮蔑と悪罵を投げつける。確かにそうだったのだ。中国は世界基準である、5000年の人類史を生きてきたのだ。

だが、今の中国人はもう違う。30年前から、中国人は生魂《いきだましい》が入ったのだ。もうみじめであわれで目も当てられないような貧乏のどん底の中国人ではない。

今の隆盛する中国を見よ。彼らは150年前までの大清帝国の頃の自信を取り戻しつつある。

もう欧米列強や日本からの侵略や支配など受けない。中国は、1840年までの1000年間、繁栄し続けたのだ。いくつもの帝国（王朝）の交替の動乱があったが、一方で繁栄していた。おそらく中国はずっと世界GDPの25％くらいを持っている。このことは欧米の学者たちも認めている。今の中国人は極貧のどん底から這い上がってきているから根性が違う。中華帝国は復興し立ち直ったのだ。今の日本人なんか甘ちゃんにしか見えない。上品に気取ってお互いオドオドしながら生きているヒヨコにしか見えない。

だがその一方で日本人が備えている優美さ、深ゆかしさの凄さを一番知っているのも中国人だ。中国人は、あらゆる場面で日本人の真似をする（日本人から学ぶ）。そうすることによってしか、自分たちが西欧近代《モダーン》の500年間の高度さにたどりつけないと知っている。

だが、「日本は中国人にとって（通過すべき）通過点でしかない。それ以上ではない」と石平《せきへい》氏（中国からの亡命知識人）が私に言った。しかも16世紀からの西欧近代500年と言っても、たかが500年でしかない。欧米白人文明は明らかに衰退《すいたい》を始めている。もう大発明や先端技術での優越性がない。世界中のスマートフォン（アップルの iPhone など）はすべて中国でつくられている。

石平氏は私に次のことも教えてくれた。「清朝の歴代皇帝たちは（差別された満州人なのに）皆、頭がよくて立派だった。朝から晩まで勤勉に仕事をした」、「それにひきかえ明《みん》朝の皇帝たちは、漢民族なのにヘンな人が多くて、50年間、一回も朝礼《ちょうれい》（祭《まつりごと》の場）に出ない者もいた」と教えてくれた。石平氏は、今も自分の体験からにじみ出る中国共産党への憎しみを込めて、「共産中国はもうすぐ崩壊する」みたいな本を次々と出版している。

だが石平氏の予測は外れる。中国は崩れない。弱体化しない、だから石平氏は苦境に立つ。私は石平氏とはもう3冊も対談本を出している。私が彼に教えを乞うて、中国亡命知識人の伝統に連《つら》なるこの頭脳超明晰の人から多くを学んだ。

最新の成果は、氏との3冊目の対談本『中国の本性《ほんせい》』（２０１３年、徳間書店）だ。私が目論んだこの本の本当の書名は、『中国知識人列伝《れつでん》』である。この観点から読めば、この対談本を読むことで、中国の宋代（10世紀）からあとの一０００年間の重要な政治知識人、文人墨客《ぼっかく》、士大夫《したいふ》たちのすばらしさがその全体の概説《アウトルック》としてよくわかるだろう。真の日本の読書人で、本当に歴史上の中国知識人の列伝《れつでん》としての全体像をわかりたい人は、この『中国人の本性』を読んでください。

イスファハン（エスファハーン）とテヘランの位置関係

イランの東のはずれのマシュハドという都市と、ずっと西のほうのアルダビールという古都がイラン人に重要らしい、ということがわかった。この二つと、南の方のイスファハーンを三角形で結んだところがイラン高原だ。シラーズという都市から東に50キロぐらいのところにペルセポリスの遺跡がある。

イランの女たちの服装は黒装束（チャードル）が基本

イランでは国教であるシーア派は、他のアラブ世界の主流派であるスンニ派から見たら、自分たちよりも下というか被差別民扱いのようだ。このことが現地を見て回っていてわかった。シーア派が湾岸諸国にもそれぞれいる。どうもイラク国民の7割ぐらいはシーア派だ。イラクはシーア派の国なのだ。それをスンニ派勢力が強い、みたいに報道するから私たちが混乱するのだ。今、アラビア半島の南部のイエメンで暴動と戦乱が起きている。そこにもシーア派がいる。七イマーム派と言って7（人《にん》の）イマームを崇拝するシーア派だ。

それに対してイラン国は、十二イマーム派だ。12代まで続いたイマームたち崇拝するという思想だ。このイマームというのはカリフを名乗ることはしなかったが偉い聖人で自分たちの最高指導者だ。イスラム教の創業者《ファウンダー》のムハンマド（マホメット）の娘婿《むすめむこ》である第4代カリフのアリーまでを「正統カリフ時代」（661年まで）と言う。そのあとの5代目カリフ（イマーム）からあとを、イスラム教世界の主流派であるスンニ派は神聖な指導者として認めない。スンニ派はイスラム法のスンナ（慣習）重視である。それと偉いイスラム法学者たちの教えに従う。とりわけハンバル派という法学派に従うようだ。

イマームと名乗るだけでも大変なことで、これはスルタンという土着の国王（部族長＝シャイクたちの頭目）よりも格はずっと上だ。たとえばマレーシアまでくると9人のスル

これがアラブとイスラム教の中心地帯であるヒジャーズだ

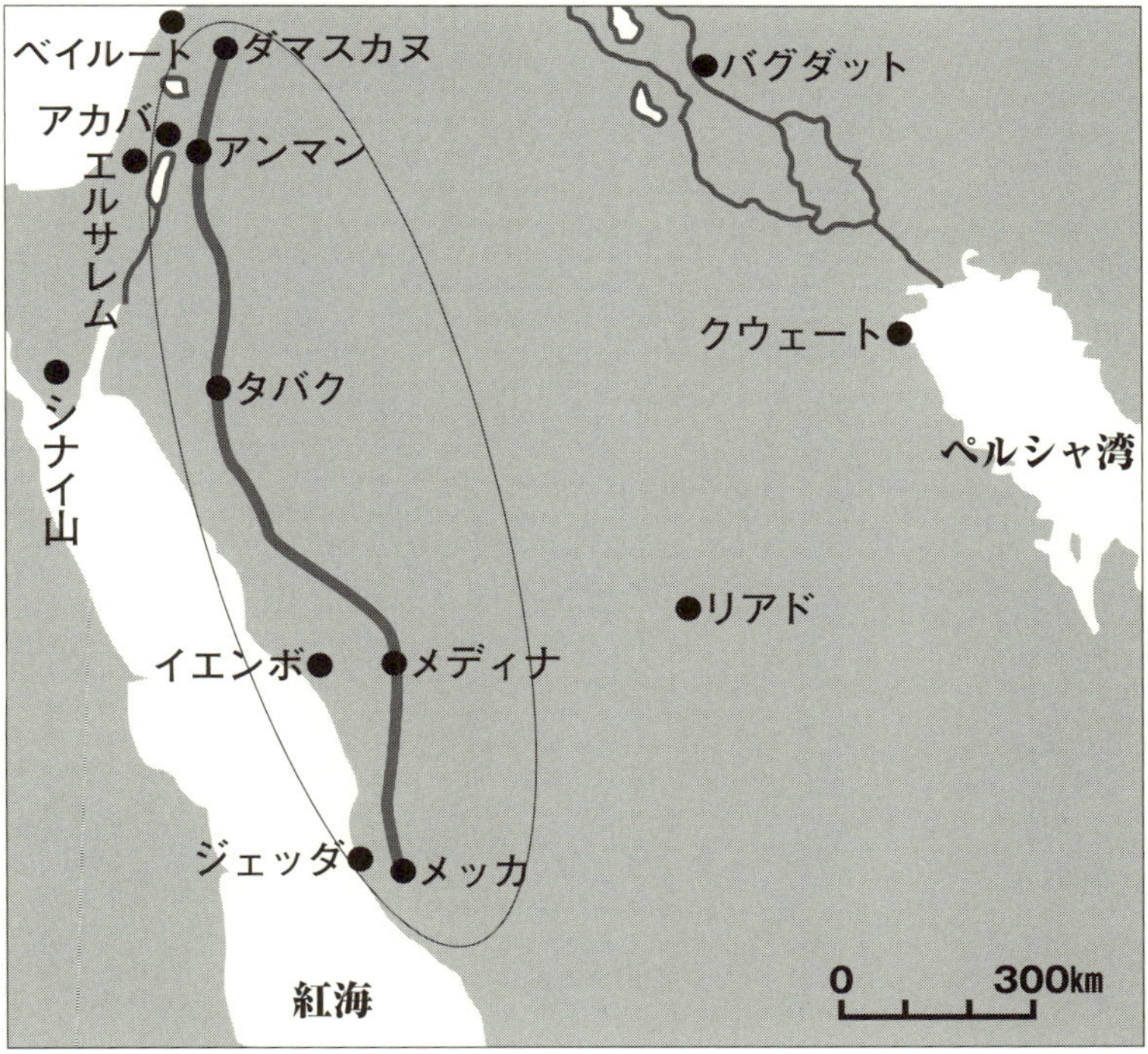

タン（王、藩主《はんしゅ》）がいて、この9人が任期5年ずつで交替でマレーシアの国王になる。こういう権力者（聖者）の呼び名のことが、私たち日本人はわからない。私は、なんとかかわかるようになった。

シーア派の国であるイランと今、中東全域でがっぷり四つで敵対しているのが、サウジアラビアである。サウジは、イエメンの内乱（内戦）の背後にシーア派のイランがいて、武器と資金の援助をしていると主張している。サウジはサウジで、世界各国のスンニ派の武装集団（サラフィーヤたち）に背後から秘かに支援金を送っている。サウジアラビアを興したのはイブン・サウドだ。この男の正式な名前は、アブドゥルアズィーズ・イブン・サウド（1885〜1935年）だ。サウド王家を、西暦1900年に武力で再興した。首都のリヤドの大守《マリク》の家柄である。サウジアラビアとは「サウド家のアラビア」という意味だ。「サウド家が支配するアラビア国」だ。ここで、イブン・サウドのイブンとビンは一緒だ。

このアブドゥルアズィーズが凶暴な男で、1901年に父を継いでリヤドの太守マリキ（malik）になる。これは部族長（シャイク）たちを従える立場だ。首都リヤドという都市は、アラビア半島のど真ん中にあるが、山のふもとにあって昔から水が出た。だから長年の都だ。ここの暴力的なサウド家が強かった。この辺りの広大な砂漠を「ネジド砂漠」あるいは「ネフド」と言う。だからサウド家は「ネジドのサウド」と呼ばれた。「清水の次郎長、大前田《おおまえだ》の竜五郎《たつごろう》大親分」と同じ感じだろう。

このリヤドから、600キロぐらいほぼ真西へ行ったところに聖地メッカ（今は、マッカと言う）がある。

こっちのほうは、ヒジャーズ地方という。ここにヒジャーズ王国があった。このヒジャーズ王国が歴史的にものすごく重要だ。ヒジャーズ（ヘジャズ）の大守《マリク》は代々ハーシム家（ハシュマイト家）である。ハーシム家はクライシュ族の名家で、預言者ムハンマド（622年イスラム教の創始者）の正統の血筋である。

それに対して「ネジドのサウド家はクライシュ族の血さえ引いていない」という悪口が、アラブ世界全体でブツブツと今も言われている。イスラム世界大きな秘密がここにある。私たち日本人は、このヒジャーズ（ヘジャズ）地方という言葉の重要性を知らない。私も中東に行くまでわからなかった。

イスラム教は189ページの地図でわかるとおり、このヒジャーズ地方から勃興（生起）したのだ。ヒジャーズ地方こそはアラブ世界の中心であり背骨である。ここがわからないとアラブ人、イスラム教のことはわからない。ヒジャーズ地方はメッカ（マッカ）から北上してダマスカス（シリアの首都）までである。ここからさらにグルリとメソポタミア、イラク盆地（バグダッド）のほうまでを含む「肥沃な三ヶ月地帯《クレセント》」の一部である。

この地図を見るとメッカの北３００キロぐらいがメディナだ。メッカから海のほうへ１００キロ行った港町がジェッダ（ジッダ）だ。

メディナからさらに北に１０００キロ行くとヨルダン国の首都アンマンに着く。アンマンからさらに２００キロ北上するとダマスカスに着く。このダマスカスは、今もシリア国の首都だ。ダマスカスをさらにずっと北へ行けばホムス、アレッポで、その先はもうトルコ（アナトリア地方）である。トルコの首都アンカラまで鉄道は続いている。今はこの辺りはＩＳ《アイエス》「イスラム国」との激しい戦闘が続いているから、とても近寄れない。

このダマスカスからずっと南下して聖地メディナまでをつないでいた１５００キロにわたる鉄道のことを、ヒジャーズ鉄道といった。今はない。これが、１９００年ぐらいから建設されて完成したのは１９０８年だ。聖地メッカに行くための「巡礼鉄道」と言われた。これをつくったのはオスマントルコ帝国だ。アラビア世界すべてが４００年間ずっとオスマントルコに支配されていた。エジプトも反抗しながら屈服していた。

アラビアのロレンス
Thomas Edward Lawrence
(1888-1935)

ロレンスは46歳で死んだ。ふつうの考えのイギリス人であれば、アラブ世界をイギリスのものにしたのだから貴族（男爵か子爵《ししゃく》）になり全権大使か高等弁務官（ハイコミッション）あるいは副王《ふくおう》(viceroy、バイスロイ）となって「アラブ人の友」のふりをして、アラブ世界を騙す係をやっただろうに。彼はそれらをすべて拒絶した。

アラビアのロレンスとは何者か？

これから私は、大作映画『アラビアのロレンス』を使って、「アラビア世界の大きな秘密」の謎《なぞ》解《と》き話をする。私たち日本人が、アラビア世界（アラブ人の世界）を大きく理解するための、最適の入り口となるだろう。ここがわからないと、アラブ世界はわからない。「アラビアのロレンス」の話を通してなら、なんとか日本人にアラビア世界がわかる。大きな理解のための重要な鍵《かぎ》がここにある。ヒジャーズ鉄道を、１９１６年、１９１７年、１９１８年の３年間に爆破して回ったのが、アラビアのロレンス（イギリス軍の情報将校《インテリジェンス・オフィサー》の一人だった）たちだ。原住民であるアラビア人のベドウィンの部族長《シャイク》たちと一緒になって、ラクダに乗って砂漠を移動してトルコ帝国が敷いたこのヒジャーズ鉄道を爆破しながら、ダマスカスまで攻め上がっていった。何故、こんなことをしたのか？　何のための戦争だったのか？

アラブ人全体の独立運動が始まった。それを背後からイギリス政府が応援すると決めた。１９１４年７月に第一次世界大戦が始まって、イギリス軍は大軍団でカイロに来た（アレンビー将軍の派遣軍）。イギリスは、ドイツと組んだトルコに対して、スエズ運河を守ら

アラブ独立運動の指導者にしてアラブ人全体の王、ハーシム家のフサイン・イブン・アリー（Hussein bin Ali, 1854–1931）の立派な顔立ち。イブン・サウドにメッカを奪い取られた。

ハーシム家のフサイン・イブン・アリーの三男ファイサル王子（後のイラク国王ファイサル一世）とロレンス（ファイサル王子の左肩の所に立っている）。1919年1月のパリ講和会議に出席の時に撮影。

なければならないと考えた。エジプトは1750年ぐらいから実質的にイギリスの植民地にもなっていた。

紅海に面したアカバの地の、海に面した要塞を攻撃する話が、例の「アラビアのロレンス」という映画の最大の見せ場（ハイライト）だ。アカバ陥落は1917年7月6日だ。アラブ人の独立のための戦争としてはたった3年間の話だ。第一次世界大戦の一部である。この時、アラビアのロレンスは戦争に徴兵招集《しゅうしゅう》（招応《しょうおう》）されたまだ弱冠《じゃっかん》26歳でイギリス陸軍情報部の中佐（カーネル）という特別待遇だった。アラブ人の王族との連絡将校《リエゾン・オフィサー》になったから高い階級が必要だったからだ。そのあと「（アラブ人の）砂漠の反乱」を応援して自らもラクダに乗り、アラブ人のかっこうをして、爆薬を仕掛けて回った。ヒジャーズ鉄道の武装列車に乗ったトルコ軍を襲撃した。トルコ軍は必死でヒジャーズ鉄道を防御した。自分たちの移動のための大動脈だったから。

オスマントルコ帝国はドイツとともに敗戦した。このあと、アラビア全体のアラブ人、イスラム教徒たちが団結して独立していく、という話のはずだった。それが1919年1月のパリ講話会議（半年後にベルサイユ条約）の場だった。

ところが、ズルのフランスとイギリスは独自に話をウラで進めていた。ワルのフランスは「シリアは俺のものだ」と言って、「フランスが絶対に取る。それ以外はイギリスにや

この男がアラブ世界全体の団結と独立の希望をアメリカの秘密支援で打ち壊した。そして今に到る

サウジアラビア初代国王のアブドゥルアズィーズ・イブン・サウド。この人相の悪さからこの100年間、アラブ世界で一体何が起きていたのか、がわかってくる。

イラク国王ファイサル一世（左）とイブン・サウド（1922年撮影）

ハーシム家の立派な王たちは、パリ会議で相手にされなかったが、諦めずに英、仏と交渉してアラブ人の独立を追及していた。ところが1924年に突然、リヤドからイブンサウドが攻めて来てメッカを奪い取った。これでアラブの分断が決まった。

るよ」とイギリスと取り引きした。そして、アラビア世界全体を、砂漠の上に直線を引っぱって、ケーキを切り分けるように、分割、割譲して奪い取っていった。このことなら私たち日本人も知っている。１９１６年の「サイクス＝ピコの秘密協定」に基づく。だからアラブ人たちは今もこのことに怒っている。アラブ人全体の団結と独立が大きく壊された。そして各地が欧米白人たちの植民地にされていった。ロレンス中佐はハーシム家という立派なアラビア人の王家に信頼されてずっと一緒に動いた。繰り返すがハーシム家こそは預言者ムハンマドの血筋である、由緒ある家柄である。ハーシム家の国王（メッカ大守）の息子のファイサル（のちにシリア国王、追放。そしてイラク国王）とアラビアのロレンスは一緒に動いた。英国からの支援金や武器も運んだ。

ハーシム家のフサイン・イブン・アリーという立派な国王が、まさしく、メッカ太守であり、正統のアラビア人全体の指導者だ。その息子が4人いて、二男、三男坊が優秀だった。この三男坊のファイサル（ファイサル一世）の横について、アラビアのロレンスはずっと動いた。そして、メッカからダマスカスまでをアラブ人自身の力で解放した。１９１8年10月1日にアラブ軍はダマスカス入城した。トルコ軍はトルコ領内に逃げ帰った。だから広大なこの地帯が中東アラブ世界の中心地だ。ここをヒジャーズ地方という。

このアラビア人たちの独立のための闘いを、イギリス軍の連絡将校である26歳のロレンン

アラブ人すべての独立のためのハーシム家のフサイン・イブン・アリー国王とともにメッカから北へ攻め上がる部族長たち（1917年7月頃）

写真は書籍 "T.E.LAWRENCE — LAWRENCE OF ARABIA" National Portait Gallery から

アラビアのロレンスになりきる副島隆彦

ス中佐は応援した。それまでは考古学者をしていた。

分割されてしまった中東は、「砂漠にまっすぐの線が引いてあって、国がいっぱいあるなあ」程度しか、日本人は今もわからない。本当はすべてアラブ人なのだから一つにまとまるべきなのだ。アフリカや南米諸国に対してもそうだが、欧米列強《ヨーロピアン・パウアズ》が奪い合って分割したなごりだ。

今の凶暴なＩＳ《アイエス》イスラム国は、「サイクス＝ピコ協定がつくったアラブ世界の分割を終わらせる。こんなものは認めない」と言っている。１９１０年代に生まれた欧米列強《れっきょう》による帝国主義（インペリアリズム）の世界秩序をひっくり返すという主張だ。彼らの強い怒りに欧米人は知らん顔をする。ＩＳ自体が上のほうは特殊な力で操《あやつ》られている。

だから、１９１６年６月から始まった「砂漠の反乱」という「アラビア人の独立運動」は、オスマン・トルコ帝国からのアラブたちの独立運動だ、とまずわかること。それを、正義の味方のふりをしてイギリスが後ろから応援した。だが、話は簡単ではない。イギリスはこのあとアラブの独立のために本気になったロレンスを、煙たがって切り捨ててゆく。ロレンスは自分の非力を知って本書きに熱中する。

ロレンスがともに戦ったアラブの勇敢な部族長たち

ヨルダンの首都アンマンにてロレンス自身が撮影した（1921年）。

1917年6月、アウダ・アブ・ザールは、トルコ軍の目をアカバからそらす目的で計画された鉄道襲撃の作戦にあたって、ロレンスに同行した。彼はホウェイタット軍のリーダーの1人で、7月にアカバ街道の上のアバ・エル・リッサンで、トルコ軍を破った。

ロレンスはかつて自分が闘った場所を再訪した1921年にこの写真を撮影した。

T.E.ロレンス

アラブ軍は、ダマスカスまで1918年中もずっと戦闘を繰り返しながら北上して、撤退してゆくトルコ軍を追いかけた。カイロにいたアレンビー将軍のイギリス軍はパレスチナあたりでトルコ軍の主力とぶつかる。東のほうの砂漠地帯でベドウィンのアラブ人たちが戦ったから、イギリス軍は有利に前進できたのだ。ロレンスは、ハーシム家のファイサルたちと、ダマスカスに10月1日に入城した。写真で見たら古いロールスロイス社製の装甲車のジープに乗って、ロレンスは入城している。

しかし、彼はすぐに戦勝に湧くダマスカスから移動する。アカバ要塞攻略をやったあとも、すぐに次の日には移動するという男だ。カイロやテルアビブにあったイギリス軍司令部にすぐに報告に行かなければいけない任務もあった。

このあと、ヒジャーズ国王（メッカ大守）フサイン・イブン・アリーの三男坊のファイサルは、ダマスカスで全アラブ部族長たちと会議を開いて、自分がダマスクスのシリア王になった。そして二男坊のアブドラ（正しくはアブドッラー）が、今のヨルダン国王になった。今のヨルダン国王は、首都アンマンにいて、このアブドッラー一世のひ孫であるアブドッラー二世だ。彼は1999年に父を継いで国王になった。今、58歳である。ISとの戦いで最近テレビに出てくるようになった。何の気取りもない、不機嫌そうな表情のまじめな男だ。質素な軍服を着ている。

アメリカが操ったサウド家

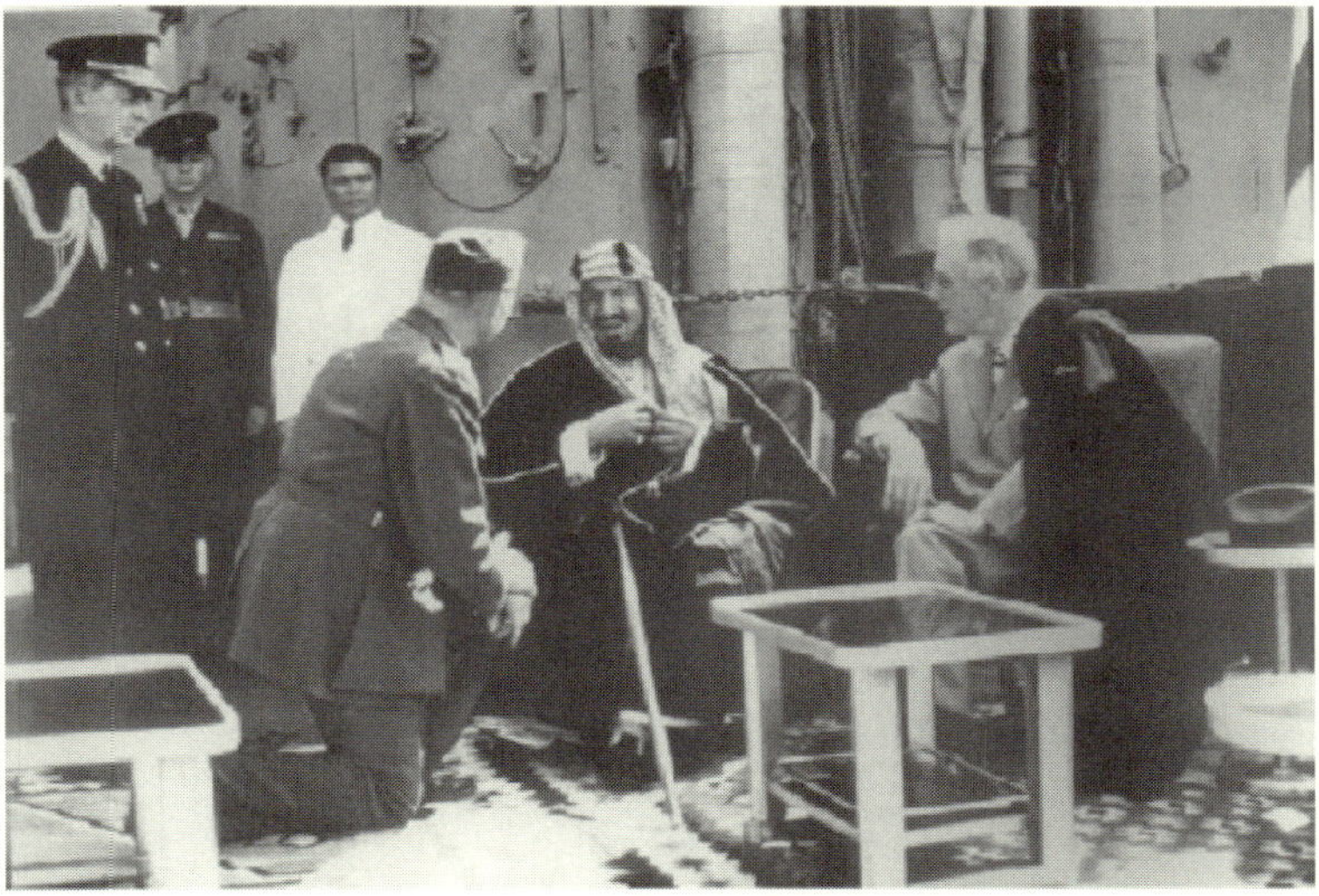

サウジアラビアの初代国王アブドルアズィズ・イブン・サウドAbdulaziz bin Saud（1880-1953）と船上で会談するアメリカのフランクリン・D・ルーズヴェルト大統領。1945年3月、2月のヤルタ会談のあと。だからこの写真のルーズヴェルトは影武者である。このあと1カ月後の４月にはルーズヴェルトは死んでいる。イブン・サウドの悪人顔もじっくり見て下さい。

今のヨルダンという国の正式の名前は「ヨルダン・ハシミテ王国」だ。ハシミテとはハーシム家だ。だから彼が生き残っているハーシム家の正統の人なのだ。

ファイサル一世はシリアからフランス軍によって1921年に無理やり追い出された。ファイサルは、このあとイラクのバグダッドでイラク国王になった。

ファイサル国王は1935年にバクダッドで暗殺された。彼の重臣たちも暗殺された。それがアラブの真の独立のために闘った者たちはこうやって死んでいった。

その息子のファイサル二世国王は、第二次大戦後の1956年に、「汎《はん》アラブ社会主義革命」であるアラブ全体で「バース党」という社会主義の若い軍人たちの運動が起きた時、カースィムという軍人に殺された。だからイラクのハーシム王家は滅びた。このイラク・バース党の独裁者カースィムは、エジプトのバジル・ナセル（ナースィル）大統領と同じバース党社会主義者だが二人は仲が悪かった。それで、ナセル主義者であった若いサダム・フセインにクーデターを仕掛けられて自分も処刑された（1963年）。

このサダム・フセインが、私たちが知っているあのイラクの独裁者で、本当はアメリカが背後から操って育てた男だ。エジプトのナセルも本当はそうなのだ、アラブ民族の英雄のように言われたが。エジプトのナセル革命はソビエトの支援が達成されたように言われているが、本当はアメリカだ。そして、サダム・フセインもアメリカが大量の武器援助（戦車、戦闘機、ミサイル）をした。それでアメリカに逆らったホメイニ革命（１９７９年から）のイランと戦争をさせた。それがイラン・イラク戦争（１９８１〜88年）である。アメリカは自分で直接、イランを攻撃して痛めつけることをしないで、イラクを使ってやらせた。

サダム・フセインはアメリカが育てた男なのだ。このことは日本の中東研究家たちが力説した。ところがサダム・フセインは次第にアメリカの言うことを聞かなくなった。そして湾岸戦争《ザ・ガルフ・ウォー》（１９９１年、前年のイラク軍のクウェート侵攻が原因）になった。それから12年後にイラク戦争（２００３年から２０１２年末まで）である。米軍16万の兵力がイラクに駐留した。サダム・フセインは２００６年に絞首刑（アメリカ主導の軍事裁判で）にされた。その映像が世界中に流された。

これがアラブ世界の、このちょうど１００年間（１９１４年、第一次大戦の始まりの時から）の大まかなアラブの歴史だ。だから今のヨルダン国の首都アンマンで、アブドラ二世だけがハーシム家として今も細々と生き残っている。

アラブ世界を分断したアメリカの力

１９２４年に、アラビアのロレンスはイギリスに帰った。アラブ世界と関わらなくなった。１９１８年から彼は欧米世界で大変な人気者になっていた。しかしロレンスはそれらに背を負けて、イギリス軍にただの一等兵の兵士として入隊した。そして10年後にオートバイ事故で死んだ。

この１９２４年に、前述したリヤドの支配者アブドゥルアズィーズ（イブン・サウド）が、リヤドから６００キロ真西のヒジャーズに攻め込んできた。そして聖地メッカを奪い取った。メッカ大守フセイン・イブン・アリー国王は、長男とともに脱出した。

このとき、このリヤドのサウド家の背後に、アメリカのロックフェラー家の石油企業がいた。彼らがサウド家に資金援助する代わりに石油利権を得た。イギリスの利権が脅かされ始めた。ところが、イギリスもフランスもまだこのことに気づかない。新興国（成金《なりきん》だ）のアメリカを見下《みくだ》して、そんな力があるはずがないと思っていた。やがてサウジ・アラムコという、スタンダード石油《オイル》（ロックフェラー財閥）の資本が入った国営の石油会社になっていった。第一次世界大戦がドイツの敗北で終わって（１９１８年12月）、１９１９年

１月からパリ講和会議（このあとベルサイユ条約）が始まった。イラク国王ファイサルの従者、通訳としてロレンス大佐はこの会議につき添った（Ｐ１９５の写真）。

イギリスとフランスは、威張り腐って、敗戦国ドイツを痛めつけ、中東全体を独立させないで奪い合いっこをした。オスマン・トルコを潰した後、アラブ全部の利権争いを悠長にやっていたら、いつの間にか20世紀の新興大国であるアメリカ合衆国が、サウド（家）アラビアを抱き込んで、資金力と軍事力でどんどん台頭した。世界は石油《オイル》（と自動車）の時代に突入していた。アメリカが支援した軍事力で、イブン・サウドがリヤドから攻めこんでメッカを１９２４年に奪い取った。この歴史事実が何よりも重要である。

これでヒジャーズ王国は崩壊して、アラブ人の団結と独立の希望は壊されてしまった。ハーシム家は追い詰められた。ロレンスは、イギリス軍の連絡将校として、ハーシム家との間に立って、「戦争に勝ったらアラブ人をイギリス政府は必ず独立させる、と約束している」と何百回も約束したはずなのだ。ロレンスは本気で、死ぬほどアラビア人たちを愛していた。彼らの独立のために命がけで戦ったのだ。アラブ人のかっこうをしてベトウィンの戦士たちと同じ粗食を食べた。他のイギリス人将校たちにできることではない。当然、ロレンスはアラブ人にものすごく信頼された。このあとは、ロレンスはもう立場がなくなってしまった。イギリス政府とハーシム家との板挟《ばさ》みになって、苦しんだ。ロレンスの残りの人生の本当の悲劇が始まる。

ロレンスは、本当なら、このあとカイロやダマスカスやバグダッドで、イギリス大使あるいは植民地総督（ガヴァナー）、あるいは高等弁務官（ハイ・コミッショナー）という待遇で赴任していたはずなのだ。それだけの業績をあげたのだから。

実際に、ファイサル国王やその父親のフサイン・イブン・アリー国王（オスマン・トルコの最後の皇帝からカリフを継承してくれと言われていた）を説得していた。「どうかシリアは諦めてくれ。それとパレスチナへのユダヤ人（シオニスト）たちの帰還、入植運動も黙認してくれ」という交渉をイギリス政府の意思を代理してやっていた。

だが、頑固者のフサイン・イブン・アリー国王が言うことをきかなかった。フランスが強欲でどうしようもない。板挟みになったロレンスは苦しんだ。ロレンスは、「そんな意地張りをしていたら、ネジドのサウド家が攻め込んで来て、元も子もなくなるぞ」とわかっていたのだ。ロレンスは精魂尽きはてた。

この行動がロレンスが非凡《ひぼん》の人間で、そこらの普通の権力志向人間とはちがう今世紀最大級の人間であることの判明だ（大経済学者ジョン・メイナード・ケインズに匹敵する）。ケインズもまたパリ講話会議にイギリス財務省の代表として列席している。ケインズは、英仏の首相のドイツいじめの、あまりの先見《せんけん》の明の無さに、怒って代表を辞任した。そして「(戦争の配当ではない) 平和の配当を」という本を出版して人気を博した。事実、ケインズが予見したとおりドイツに巨額の賠償金を課したことが原因となって、怒ったドイツ人たちが、やがてナチス・ヒットラーを推し立てて、第二次大戦へとつながった。

複雑な言い争いがずっとあった。「話が違うではないか」とロレンスは、激しくイギリス政府に抗議した。フランス政府の代表者たちにも「お前たちはずるいやつらだ」と露骨にフランス語で悪罵《あくば》を投げつけた。そのことを、ロレンスの伝記作家たちや、ロレンスのそばにいた人々が少ししか書いていない。

ウィンストン・チャーチルとの間にも言い合いがあったはずだ。チャーチルは植民地相になっていた。1921年と22年に、ロレンスは、チャーチル植民地相の顧問 (アドヴァイザー) になっている。しかし、それも辞めてしまった。ロレンスは、イギリス政府から「イギリスの中東地域《ミドルイーストリージョン》での利益拡大で多大な功績のあった者」として、贈られた大勲章と一代貴族《ライフ・タイム・ピア》の称号を辞退している。突き返している。

このあとロレンスは、ただの一兵卒 (二等兵) として新兵訓練所に入り、下級兵士のまま12年間軍隊 (1935年まで) にいた。アラブでの戦闘で体中キズだらけだったという。アラブの英雄ロレンスの名はすでに欧米世界で鳴り響いていた。彼は超有名人になっていた。しかし、ロレンスはそれらのすべてを拒否して、ただ自分の精密な戦争体験記録を『知恵の７つの柱』（"The Seven Pillers of Wisdom" セブン・ピラーズ・オブ・ウィズダム　１９２７年完成）を書いた。自分の生存中はこれを出版させなかった。この『知恵の７つの柱』の約半分の量の簡略版が、『砂漠の反乱』（ザ・レヴォルト・イン・ザ・デザート）として出版されて大評判となって世界中で読まれ始めた。

ロレンスは自分の運命に堪えた。ロレンスの書いた内容に対し、「この男はウソが多くて、何でも自分の手柄にしようとしている」と悪意の中傷本を出すイギリス人たちまで現れた。

T・E・ロレンスは、もうアラブ人たちを助けに行くことはしなかった。もうできなかった。彼にだけはよくわかっていた。おのれの善意だけでは、この世界を変えることはできない。権力者たちが持つ巨大な悪《あく》と民衆支配の前に自分など無力である、と深くわかっていた。１９１５年に、イギリス外交官の高官ヘンリー・マクマホンとメッカ太守フセイン・イブン・アリーが交換した書簡は「アラブ人が自力でオスマン・トルコに反逆を始めて戦って勝利したら、アラブ人の土地はすべてアラブ人の意思で支配してよい。アラブ人が独立することをイギリス政府は認めることを約束する」となっていた。これが歴史外交文書として重要な「マクマホン・フセイン書簡」である。

それなのにイギリスとフランスは、同時に「アラブ世界を自分たちで分け合う」という前述したサイクス・ピコ秘密協定（1916年）を結んでいた。さらにはフランス・イギリスは、悪質なことにもう死にかかっていたオスマン・トルコ帝国と条約を結んで（セーヴル講話条約、1920年）、「アラビアは英仏が自由にできる」と決めた。アラブ人たちの独立の悲願はこうして押し潰《つぶ》されていった。

これらの動きにロレンスが、怒らないはずがない。それでもロレンスはピコを含めたフランスの外交官たちに、パリ講話会議のさ中《なか》に、面と向かってフランス語で「あなたたちはズルい人間だ」と毒づいている。

しかし彼は生来おだやかな人間であり、文学者であり考古学者である。じっと我慢して堪えることができた人間だ。絶望することもない。彼はアラブのベトウィンの戦士たちとともにラクダに乗って3日間何も食べないで砂漠を越えてゆく苦行にも耐えられた人だった。ふつうのイギリス軍人にそんなことができるはずがない。アラブ人といっしょに泥まみれになって、現地人と同じひどい粗食を食べ、何度か伝染病の高熱に耐えた。ロレンスの体は爆薬の破片で傷だらけであり、いつも栄養失調であったという。

私は、1915年のエーゲ海のダーダネルス海峡で戦われたガリポリ戦争のことも不思議に思っている。何故、トルコ軍が大勝利したのか？　この1年後には、トルコ軍の主力は、アラビア半島のメッカ、メジナのほうに回ってきて、反乱を始めたアラブ人たちとの戦いに入ったのだ。

1915年のガリポリ戦争では、英と仏の両軍の連合軍を相手に、トルコ軍の司令官だったムスタファ・ケマルが、散々に打ち破って大勝した。そして、この軍人ムスタファ・ケマル・パシャが、トルコの英雄として、のちにケマル・アタチュルクとなって世俗化（イスラム教を国家体制から外《はず》して捨てた）した新国家としてのトルコをつくった。

この「青年トルコ党（Young Turks《ヤング・タークス》）」という名の秘密結社から出てきたケマル・アタチュルクの背後に何がいたのか。世界中の各国につくられた、「青年○○党」というのは、すべてアメリカが工作したものだ。今の「アラブの春」とまったく同じだ。

1915年というオスマン・トルコ帝国がボロボロに崩れ去ろうとした時代に、どうして、イギリスとフランスの両大国の大軍団の、大艦隊まで後ろに控えていたガリポリの戦いで、トルコ軍が勝ったのか。おかしいのだ。だから、ここでも背後にアメリカからの軍事物資と資金の援助があった。私は、今、その証拠を調べようとして歴史書を集めている。

FRB《エフアールビー》（米連邦準備制度理事会）が、米議会の大反対を押し切って謀略でつくられた1913年の、その翌年の1914年から、世界の覇権《ヘジェモニー》は、イギリス帝国から、アメリカ帝国（ロックフェラー財閥。大統領たちもこの財閥が選ぶようになった）に移ったのだ。この理論は、私が20年前から唱え続けている「世界覇権の移転の理論」の証明作業の一環《いっかん》となる。

このケマル・アタチュルクは、１９１７年には、トルコ軍の第七軍の司令官として、パレスチナで、アレンビー将軍（英国のアラブ派遣軍の総司令官。T・E・ロレンスの上司）の英軍とぶつかって、そして、１９１８年10月１日の、アラブ軍のダマスカス入城の前後に、急いで退却してトルコ領内に撤収している。

トルコのケマル・アタチュルクの、脱《だつ》イスラム教の世俗化《セキュラー》政策で、トルコは西欧化した国になったと、私たちは習った。しかし、私は鋭く注目して知っているが、今から５年ぐらい前に、エルドアン首相（今は大統領）は、トルコ軍の将軍たち１００名ぐらいを捕まえて、裁判にかけて、「政府にクーデターをかけようとした」として投獄した。

だから、今も近代主義者で反イスラムの、ケマル・アタチュルク主義で、西側《ザ・ウエスト》（G７体制）寄りのトルコ人たちは、エルドアンの公正発展党（ＡＫＰ）と対立している。私は、４年前に、イスタンブール（昔のコンスタンチノープル）の大きなモスクのひとつで、本当に真面目で頭の良さそうな立派な感じのトルコ人たちが、たくさん礼拝にきている様子を見た。女の人たちも、誠実な感じで、きちんと黒いスカーフをつけていた。この人たちがエルドアン政権を支えているのだな、とわかった。

どこの国にも、真面目で知的で、しっかりとした人たちがいる。その人たちの考えを自分で直接、聞いて回ることで、その国の真実がわかる。その国の国民が本当に望んでいることがなんなのか、がわかる。しかし、おそらく、どこの国でも、そういう人たちは、暴力団のような体質の愚劣な人間たちによって、押さえつけられている。

20世紀（1901年から）の世界は、石油の時代であり「オイル・イズ・キング（石油が王様）」である。石油とともに世界が変わっていったと大きく理解するべきなのだ。すでに1880年代から世界に石油の時代が到来していた。石油とともに勃興したアメリカのロックフェラー家が、自国のテキサス州だけでなく、サウジをはじめとする世界中の石油利権を買収し握りしめて世界を支配するようになった。日本では私、副島隆彦だけがこのことを公然と書き続けている。皆恐《こわ》がってこの大きな真実に触れようとしない。

ペルシャ湾岸の豊かな国々

私はイランを去ってドバイとアブダビに向かった。

ペルシャ湾沿いには、アラブ首長国連邦（アブダビが盟主）という7つの小国から成る

ドバイはヨーロッパ人観光客も多い

国がある。この他に、バーレーンとカタール国がある。

そこからさらに西北にクウェートがある。これらの湾岸諸国はずっとイギリスが管理し統治していた。イギリスはようやく1960年代に、「そろそろ独立しなさい。自分の力で生きなさい」ということで、次々と独立させた。それでも今も背後にイギリスの影響力がある。

バーレーンは、石油の積出港の島国だ。サウジアラビアの子分みたいになっていて、この島まで、サウジの油田から石油の輸送パイプラインが走っている。そこから原油を船積みして輸出している。サウジ自身も湾岸に領土があって、ここにガワール油田という確認埋蔵量も世界最大の油田がある。それでアメリカ（ロックフェラー）と組んだサウジアラビアがずっと豊かな国なのだ。

カタールは、ぼこっとアラビア湾に突き出した半島だ。ドーハという首都があって、私はよく知らないが、1993年に「ドーハの悲劇」と言うサッカーのワールドカップ・アジア地区最終予選があって、日本はイラクと引き分けた。日本はすんでのところで予選敗退したのだ。この「ドーハの悲劇」で日本でも有名になった。それ以来カタール国のドーハは日本人に身近な街になった。このドーハもハブ空港になっている。

ドーハにアルジャジーラという放送局がある。毎日、アラブ全体向けのニューズ報道をアラビア語でやる。中東全体を代表する放送局である。アルジャジーラは英語でも国際放送をやっている。がこっちは少し怪しい。アルジャジーラが果たしている、世界中にアラブ世界のニューズを毎日、放送している役割は、ものすごく重要だ。

　このカタールのハマド前国王《シェイク》（エミールとも言う）はなかなか賢い人物だ。２０１３年にさっさと引退して息子のタミームに地位を譲った。そうやって、周りからの非難をかわした。ハマド前国王（首長《エミール》とも言う）はイスラム原理主義《ファンダメンタリズム》運動の中ではかなり穏やかなほうのムスリム同胞団（Muslim Brotherhood）の運動を応援してきた。この王の息子もきっとそうだ。だからエジプトとトルコ、その他の国々にもあるムスリム同胞団の穏やかで堅実な政治運動を応援してきた立派な王様だ。

　カタールが他のアラブ国と違うのは、トルコと並ぶ同胞団が強力であるエジプトのモルシ前政権を支持してきたことだ。モルシ政府はこのあとクーデターでひっくり返されて、今はシシというアメリカとつながっている人気のない軍人の独裁政権になっている。サウジアラビアはムスリム同胞団が嫌いだからオマーンのハマドを湾岸協力会議（ＧＣＣ《ジーシーシー》）から追放しようとした。ハマドはさっさと引退した。

カタールにもかなりの高層ビル群が建ち並んでいているが豊かさからいうと、アブダビ、ドバイにはかなわない。カタールからサウジの首都リヤドまでは500キロぐらいしかない。だからリヤドから真東に向かって一気に砂漠の中の主要幹線道路《ハイウエイ》を飛ばして、サウジの王族の大金持ちたちが家族を引き連れて、ロールスロイスみたいな高級車で遊びにくる。ここからさらに300キロ行くとアブダビだ。そして150キロ行くとドバイだ。

今のアラブ人たちがゆったりと買物をする光景を、私は、パーム・ジュメイラという最近有名な海に突き出した巨大なショッピングモール（これがまさしく現代のバザールだ）で見た。サウジアラビア人たちもたくさん来て、一族の女たちも引き連れて、相当なお金持ちだと一目《ひとめ》でわかる。石油成金の国の金持ちのサウジ人というのは、きっとサウド家の王族か、それに繋がる人々だ。王族だけで1万人ぐらいいるだろう。

サウド家が今もサウジアラビアを支配している。そのことに対する100年分の怨嗟と怒りが、きっとアラブ人たちの間の深く深くにあるだろう。「サウジでそろそろ反サウド家の暴動が起きる」と言われ続けてもう20年になる。なかなか起きそうにない。それぐらいサウド家による恐怖支配、宗教警察による民衆への締め付けがすごい。予言者《メッセンジャー》ムハンマドの血を引くクライシュ族のハーシム家を中心とする他の誠実なアラブ人たちからすれば、サウド家は暴力的でワルい人間たちだ。ワルい人間たちが勝利者であり残酷な政治支配をする。

アブダビ、ドバイまでくれば、ホテルの施設やレストランの中であれば外国人（異教徒）はお酒が飲める。隠れて飲んでいるアラブ人たちもたくさんいてアル中《ちゅう》（アルコール依存症）問題が深刻らしい。キャバレー街やディスコとかはない。売春婦たちもいない。それでも、表面は巨大な繁栄の大都市をつくっている。

このペルシャ湾岸（the Gulf《ガルフ》）は、かつては真珠採りの漁師たちが定住していた。天然の真珠採りで栄えた。インド洋側のオマーンのほうから海岸沿いにずっとたどってやって来て、湧き水（水場、オアシス）を見つけて定住が始まったのだと思う。３００年ぐらい前だろう。オアシスの「湧き水」を見つけて、アブダビから別れてドバイも始まった。

今の首長国《エミレイツ》の王族たちの祖先は、恐らくインド洋側に面したオマーンのほうからきただろう。ただし西暦６５０年ぐらいには、すべてのアラビア人が、急速にイスラム教徒になったのだから、メッカ、メディナ側や北のバグダッドのほうとも交易で古くからつながっていただろう。

オマーンの首都はマスカットだ。オマーンはアラビア半島の東の外れでインド洋に面している。山脈がある。山脈があると雨が降って川が流れて水がある。だからオマーン北部は農業ができる。

大陸の西北側はモンスーン気候と言って台風のような激しい嵐が襲来して大雨になる。オマーンは、昔からインドのインダス文明と、中東《ミドルイースト》のメソポタミア文明との中継地点になっていた。中継貿易《なかつぎぼうえき》で栄えた地だ。だからオマーンの港であるSohar《ソハール》から、「船乗りシンドバッドの冒険」のシンドバッドが、7回出発した。これは有名な「アラビアンナイト」の物語の中にある。

ここから、真珠採りの漁師たちが移動して行った。今のアラブ首長国連邦だ。それとベドウィン（という砂漠の民）がラクダに乗った隊商《たいしょう》（キャラバン）となって、商人でもあるわけだから、彼らが物資を運んだ。いつ頃からラクダに乗るようになったかはわからない。遊牧民《ノウマド》であるベドウィンは定住民（都市の住民）からはどうしても差別される。しかし本章で説明したとおり、馬に乗ってドドドと攻めてくる暴力（軍事力）を遊牧民は持っているから、きっとアラブの国王たちも馬やラクダに乗ったベドウィンだろう。馬とラクダを上手に使い分けて戦闘をしたそうだ。

遊牧民族が、人類史に初めに登場したのはスキタイ（シュキタイ）である。馬に乗ってユーラシア大陸の草原地帯を駆け抜けたスキタイ族が出現したのは、紀元前1500年ぐらいだ。ユーラシアの東のほう（今のモンゴルあたり）から西のほう（今のウクライナあたり）まで大草原を馬で移動したようだ。広大なユーラシア大陸に生きていた。

アナトリア（今のトルコ）でヒッタイト帝国が成立したのは、それよりも３００年古い紀元前１８００年代だ。人間が馬を飼い慣らした歴史は、人類史（文明）が始まった５０００年前（紀元前３０００年）と同時期だろう。人類の四大文明の中で一番の原型《アーキタイプ》はメソポタミア文明である。ここで生きていたシュメール人は定住民（農耕民《アグラリアン》）だったろう。そこへ遊牧民《ノウマド》が襲いかかった。エジプトとペルシアから何度も征服されている。

アラブ人たちはこのジュメイラ海岸で、魚をとったり真珠を採ったりしていた。大きな異変が起きた。それは、日本で１８９３年に三重県の英虞湾《あごわん》の御木本幸吉《みきもとこうきち》が真珠の人工養殖に成功したからだ。ミキモト・パールだ。これで世界中に養殖真珠（パール）が輸出されるようになって、天然の真珠採りは打撃を大きく受けた。


アラブ首長国連邦の海岸地帯は、ほんの50年前までまったく発展していない。博物館に飾ってあった１９６０年ころのドバイ、アブダビの写真を見たらびっくりするぐらい寂《わび》しい。小さなモスクが一個あって、あとはヤシの木の茎の骨組みのところというか、枝の、葉っぱの中心のところを棒がわりにして、それをずっと並べて粗末な小屋をつくっていた。ヤシの木の葉の芯《しん》の棒だから、直径2～3センチしかない棒だ。木はどっからか持ってきたのだろう。直径10センチぐらいの木材を組んで小屋をつくって暮らしていた。全部で500戸か1000戸しかないぐらいの、砂漠の海辺の寒村だった。水は、何とか出たのだろう。それが1960年代だ。びっくりするぐらい質素だ。

だが1958年にアブダビで石油が発見された。1962年にはドバイでも沖合いで、海の中から石油が出た。イギリスの石油資本（アングロイラニアン石油、今のBP《ビーピー》だ）が掘削に成功した。解説書にはシェイクたちが掘り当てた、と書いてあるが、実際は、イギリス系の資本が全部やったのだろう。

どこにもBP（ブリティッシュ・ペトロリアム）社の看板一つない。ロイヤル・ダッチ・シェルの看板もない。あくまでアラブ人の王族たちが資金を調達して、自力でやったという形になっている。

ここが、今は驚くほどの巨大な繁栄の大都市になった。新興国の成長とはスゴいものだ。これじゃあ先進国は衰退してゆくしかない。ドバイとアブダビの間、150キロぐらいにもっと多くの幹線道路と高速鉄道をつくるだろう。これからもまだまだ70～80階から100階建ての高層ビルをつくる。真水さえ手に入れば何でもできる。吸質性の保水材（紙おむつ）を砂漠の下に敷きつめれば、水さえやればやがて緑の樹林も繁《しげ》る。今は、まだ都市

「パーム・ジュメイラ」という人工島

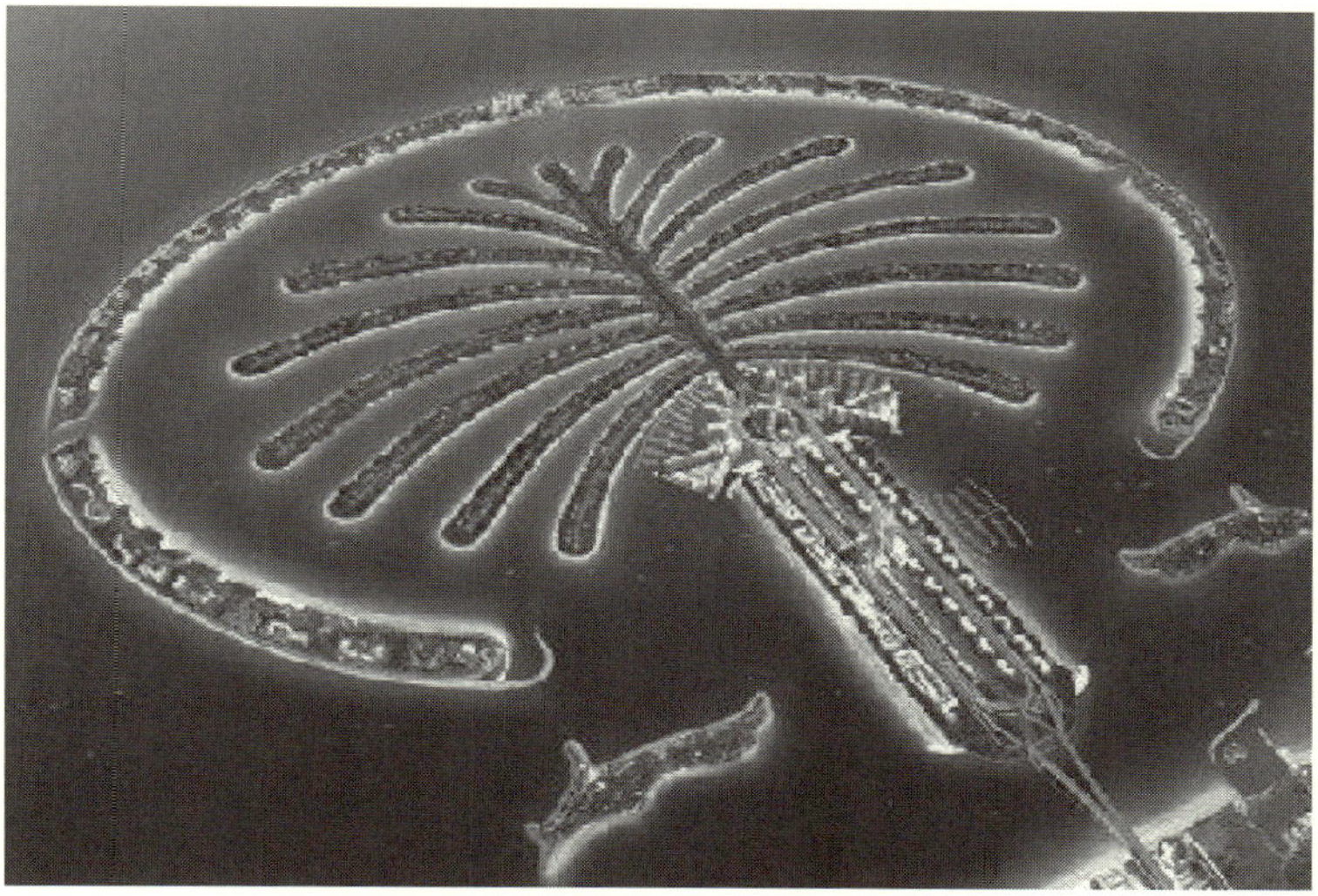

2011年末にイラク戦争が終わった。戦争景気でここまで繁栄してきたドバイが一気に破綻（デフォールト、債務不履行）しそうになった。〝ドバイ・ショック〟である。この時、日本のゼネコン連合は、債権（各種の工事完成代金）の取りっぱぐれの危機に直面した。日本の〝政商〟土建屋の雄《ゆう》である鹿島《かじま》建設が音頭を取ってきたこともあり、なんとかうまく収めたようだ。ドバイのマクトゥーム首長は、アブダビのカリファ首長に頭を下げて救援金を出してもらって危機を乗り切った。だからバージュ・カリファ（P171）は「カリファ王国記念の塔」と名前がついたのである。

の外れ10キロ地点ぐらいまでしかビル街はきていない。

エマール不動産と、ビン・ラディン・グループという名のアラブ世界の大手ゼネコンが、どんどん同時に何百棟も高層ビル（タワー・レジデンス）を建てている。その建築資金はヨーロッパから逃げてきたヨーロッパ人の富裕層が出している。これほどの巨額の資金が先進国の政府（国税庁）の目を逃れてやってきているのだ。オリンピックもどうせ中東のドバイ、アブダビでやることになるだろう。

ドバイの中心から西のほうに巨大な人工島の「パーム・ジュメイラ」がある。周りのサンゴ礁の砂を汲《く》み上げてそれで埋め立てをして島にしてしまった。Ｐ２２３の写真のとおりヤシの木の形をしている。先端部に巨大なホテル群をつくっていて、その周辺もすべて大型のビラ（別荘）とタワー・レジデンスが立ち並んでいた。

アブダビで見たオイルマネーの威力

アラブ首長国連邦の中心国であるアブダビは、アラビア半島にそれなりの広い国土面積を持っている。かなりの大きさの砂漠地帯が南に広がっている。サウジアラビアとずっと国境線を砂漠で接している。行ってみてわかったのは、ドバイと比べてアブダビは格段に金持ち国であり、しっかりとした国だ。それに比べるとドバイは、「これで大丈夫かな」と疑いたくなる底の浅さを露呈しそうだ。アブダビはまだまだ石油と天然ガスが出るが、ドバイは国土も小さく、石油・天然ガスの埋蔵量も少ない。枯渇したら不動産業で生きる方針らしい。少し不安である。

私はぐるっとアブダビの都市全体を観察した。海辺のほうも湾のほうまでぐるりと車で回った。私は興味がないが、「フェラーリ・ワールド」というのがあった。レース用の8・5キロの正式のサーキット場つきの遊び場だ。

ショッピング・モールの電気屋さんとかスーパーマーケットはメガスーパーそのものだ。日本の各地の大型のイオンのスーパーと全然変わらない。豊富な品ぞろえで1階には巨大な駐車場もある。はっと気づいたのだが、アブダビにはドバイのような旧市街（古い町）がまったくなかった。すべて取り壊されて高層ビル街に変わっていた。

ということは、アブダビの国民（上層国民、すなわち市民《シチズン》）は、1人で4～5階建てぐらいの建物を一個ずつ国（政府）からタダ（あるいは敷地との交換で）もらえるぐらいの豊かさだ。これがオイル・マネーの力だ。古い建物はもう全部壊してしまって、きれいな街並みだ。住宅街にはモスクがあちこちにある。ドバイほどではないが高層ビル街が建ち並んでいた。

泊まったホテルにビーチがあって、ここのビーチはそのままアラビア海(ペルシア湾)だ。そこで泳いだ私はアラビア海で泳いだことになる。海水の辛《から》さが日本より少し濃《こ》い(きつい)と感じた。アブダビをずっと回ってみて、この国全体がお金持ちなのだとわかった。戦争、内乱さえ起こらないで、石油・天然ガスの収入が入って、それをきちんと開発用に使うと、国民生活はこんなにも豊かになれるのだ。

アブダビ、ドバイは、かつて繁栄した地中海沿いのベイルート(レバノン国の首都)の後継者《あとつぎ》だ。かつてはベイルートが、ヨーロッパから地中海を渡ってアラブ世界への入り口で、商業と観光の都市として大きく栄えていた。そのあと内戦、戦乱になってベイルートは廃墟のようになった。再度復興する、ということはないだろう。一旦《いったん》壊れた繁栄は簡単には元に戻らない。インフラからすべてつくり直す、ということはできることではない。それよりもまったく新しい場所に一《いち》から新しい都市をつくったほうがずっと簡単だ。新しいエルドラド(黄金都市)をつくろう、という気概、優れた都市計画のデザイン力を持つ

「ゴールドスーク（金《きん》の市場）」がギラギラと輝いていた

何百万円どころか何千万円もする金の首飾りが大量に売られている。ダイヤモンドなどの宝石を散りばめたものがほとんどだ。これほどの高価な宝飾品の陳列は、今ではアラブ世界と中国にしかない。米、欧、日の先進国は今や見すぼらしい。

有能な人々がいればつくれる。だから中東全体の玄関口が、今はアブダビ、ドバイになったということだ。

アラブもヨーロッパもアメリカに騙された

今、中東で騒がれているＩＳ（アイ・エス、イスラム国）という、奇妙な戦闘集団の出現（去年２０１４年６月10日に北イラクに突如出現した）も、すべて計画されたものだ。こういう新たな戦乱をつくり出すことによって、同じアラブ人（アラビア人）どうしを、戦わせ、殺し合いをさせるのだ。

「アラブ人どうし戦わず。戦争をしてはいけない。同じアラブ人として団結しなければいけない」という、大きな真実に私はハッと気づく。

この大きな真実を私は公然と書いて暴き立てる。私は、「アジア人どうし戦わず。戦争をしてはいけない。騙されてはいけない」と書いてきた。だから、中東のアラブたちの、この１００年間のことも大きくわかったのである。

ホームページ「副島隆彦の学問道場」 http://soejima.to

ここで私は前途のある、優秀だが貧しい若者たちを育てています。

会員になってご支援ください。

あとがき

中国指導者の真意は16億人の国民を食べさせること

中国についての本を、私はこの10年で対談をふくめると10冊書いた。この本はビジネス社から出す中国研究本の7冊目である。

２００７年に出した１作目の『中国　赤い資本主義は　平和な帝国を目指す』から８年がたつ。まさしく私が予測（予言）したとおり、赤い資本主義《レッドキャピタリズム》である中国の巨大な隆盛は世界中を驚かせている。

「中国の不動産市場が崩れて、株式も暴落して中国は崩壊しつつある」はウソである。昨年末からの急激な中国株の上昇（２・５倍になった）のあと、６月12日から暴落が起きた。そして下げ止まった。だから今こそ日本人は中国株を買うべきである。外国人としての冷静な目で中国の今後を見るべきである。

中国の不動産（高層アパートの価格）は高値のまま安定している。１割でも下げればそれを買う若い人たちのぶ厚い層がいる。２年前の私の中国本は、『それでも中国は巨大な成長を続ける』(2013年刊)であった。このコトバどおり今も巨大な成長を続けている。

いちばん新しい中国の話題は、AIIB《エイアイアイビー》アジアインフラ投資銀行の設立である。そして中国政府が4月に打ち出した「一帯一路《いったいいちろ》」構想は、これからの世界に向かって中国が示した大きなヴィジョンだ。ユーラシア大陸のド真ん中に、10億人の新たな需要《デマンド》が生まれる。中国とロシアと、アラブ世界とヨーロッパ(インドも加わる)が組んで、新たなユーラシアの時代が始まるのだ。

AIIBは今年の3月から急に大騒ぎになった。イギリスが参加表明したからだ。アメリカは「裏切り者」と思った。中国が音頭をとって世界中から参加国を募っている。57カ国が参加を表明し(P59の表)、これらの国々は創立メンバーになる。今年2015年の終わりから営業を始めるらしい。

このアジアインフラ投資銀行の動きに取り残されたのが、アメリカ合衆国と日本である。ところが日本の財務省はコソコソと中国と裏取引をして、いつの間にかオブザーバー参加という形にするだろう。

日本の安倍政権は、公然と中国ギライであり中国包囲網を敷いている。中国を敵視して対《たい》中国の軍事(安全保障)戦略まで敷いている。このように日本はアメリカにべったりとしがみついて中国と対決、対抗する姿勢のままである。日本国内は奇妙な選挙をやって国会議員の数で安倍政権が圧勝しており、彼らが国家権力を握っている。国民は身動きがとれない。日本の金持ち（富裕層）はどんどん外国に資金（資産）を移し、住宅も買い、自分も逃げ出しつつある。

不況（デフレ経済）のままの日本のことなどお構いなしに、中国の巨大な成長は続く。中国は、日本やアメリカとの敵対、対立など考えていない。そんなことをやっているヒマはない。自分が経済成長《エコノミック・グロウス》を続けることのほうが大事だ。南シナ海と東シナ海で軍事衝突を起こさないほうが、中国にとってはいいのだ。

中国にとっていちばん大事であり、中国の指導者たちが本気で考えているのは、いますでにいる16億人の国民（公称は13億人。だが実際には17億人になるだろう）を食わせることだ。国民をなんとか食べさせて、自分たちがもっと豊かになってゆくこと。そのための大きな計画さえあれば中国の隆盛は続いてゆく。それが「一帯一路」でつくられてゆくユーラシア大陸の中心部の大開発である。ユーラシアの時代の幕開けだ。

2015年7月

副島隆彦

巻末付録 主要な中国株の代表的銘柄32

■ 中国最大の都市銀行（メガバンク）

中国工商銀行（チュウゴクコウショウギンコウ）

01398 銀行 メインボード

現在 **5.57** 香港ドル（2015/7/9）

年間値上率 **59.28%**

資産総額で中国国内最大の商業銀行。14年末の預金残高は15兆5600億元（約300兆円）、貸出残高は11兆300億元に上る。営業拠点は国内1万7122、海外338カ所（14年末）。日本国内にも東京と大阪に支店、池袋に出張所がある。総株式の66%を中国財政部と政府系投資ファンドが所有している。

東亜銀行の北米事業を買収し、南アフリカのスタンダード・バンクに出資するなど、海外展開を加速している。

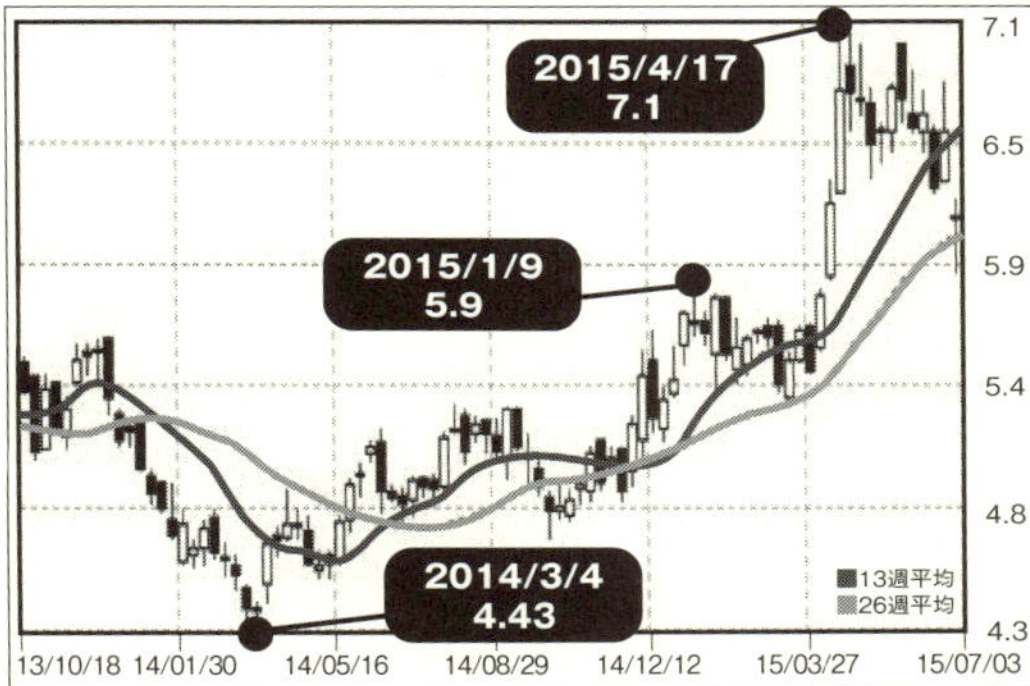

■ 外国為替の専門銀行から発展

中国銀行（バンク・オブ・チャイナ）

03988 銀行 メインボード

現在 **4.41** 香港ドル（2015/7/9）

年間値上率 **33.13%**

中国の4大国有商業銀行の一つ。1912年設立。14年末の預金残高は10兆8900億元（約220兆円）、貸出残高は8兆4800億元。14年末の総店舗数は1万1514店。日本にも東京、大阪、名古屋、横浜に支店がある。

長く外国為替専門銀行としての役割を果たし、貿易決済業務では中国最大手。香港で保険事業も手がけている。

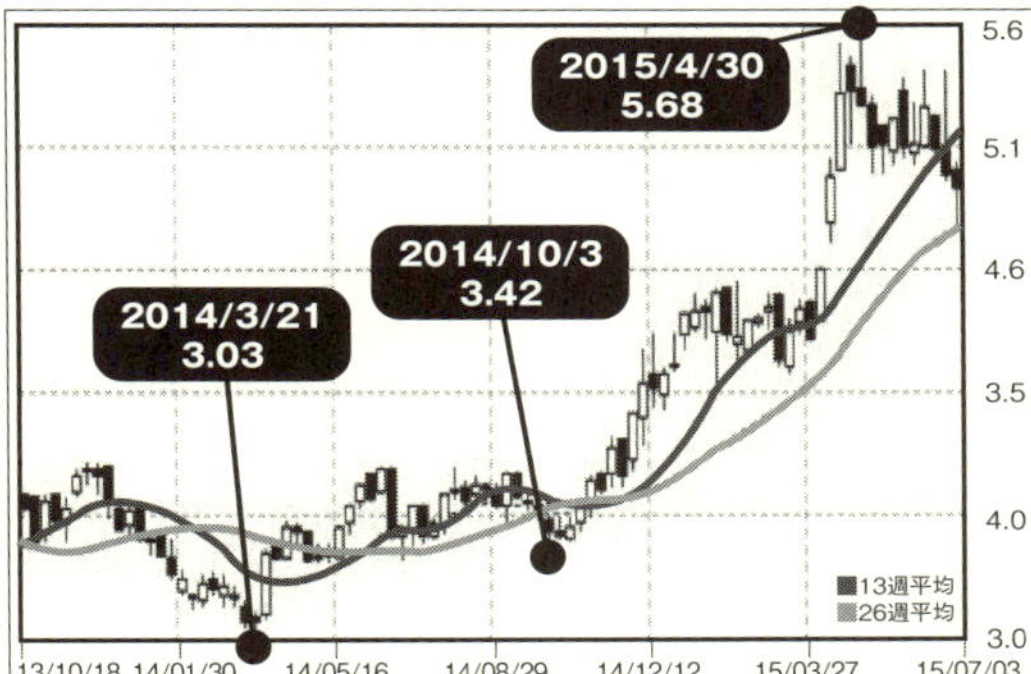

■　国内第2位の商業銀行

中国建設銀行（チュウゴクケンセツギンコウ）

00939　銀行　メインボード

現在 6.45香港ドル（2015/7/9）

年間値上率 **180.26%**

中国工商銀行、中国農業銀行、中国銀行と並ぶ中国4大国有商業銀行の一つ。1954年の創業以来、政府のインフラ融資部門を担った。資産総額で国内2位。14年末の預金残高は12兆9000億元、貸出残高は9兆4700億元。営業拠点は国内1万4856カ所(14年末)。海外ではニューヨークや東京などに拠点を置く。

バンク・オブ・アメリカと提携関係にある。政府系ファンドが株式の57%を所有。

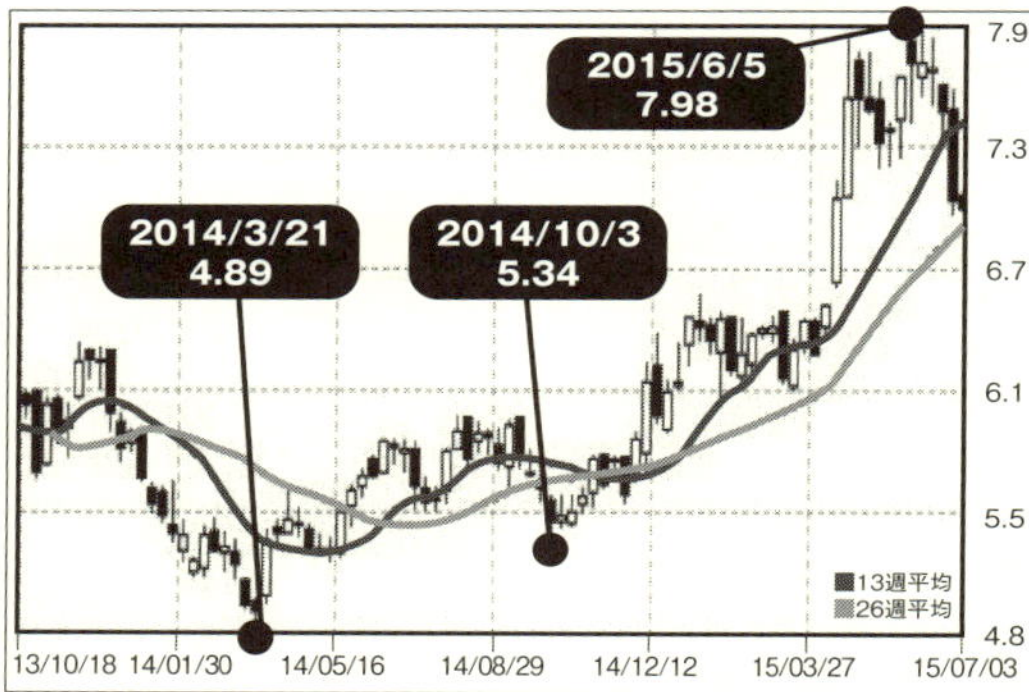

■　売上高世界1位のゼネコン

中国鉄建（チャイナ・レールウェイ・コンストラクション）

01186　建設　メインボード

現在 10.30香港ドル（2015/7/9）

年間値上率 **−22.42%**

鉄道、道路、橋、港湾など、中国のインフラ設計・建設の最大手。建設機械の製造販売や物流事業も手がける。不動産事業は国内45都市で展開。人民解放軍系列の中国鉄道建築から独立して2007年11月に設立された。

中国本土を中心に世界78カ国で事業を展開し、ゼネコンとしては世界最大の規模を誇る。鉄道部門は前年比21%の増益となった(14年末)。

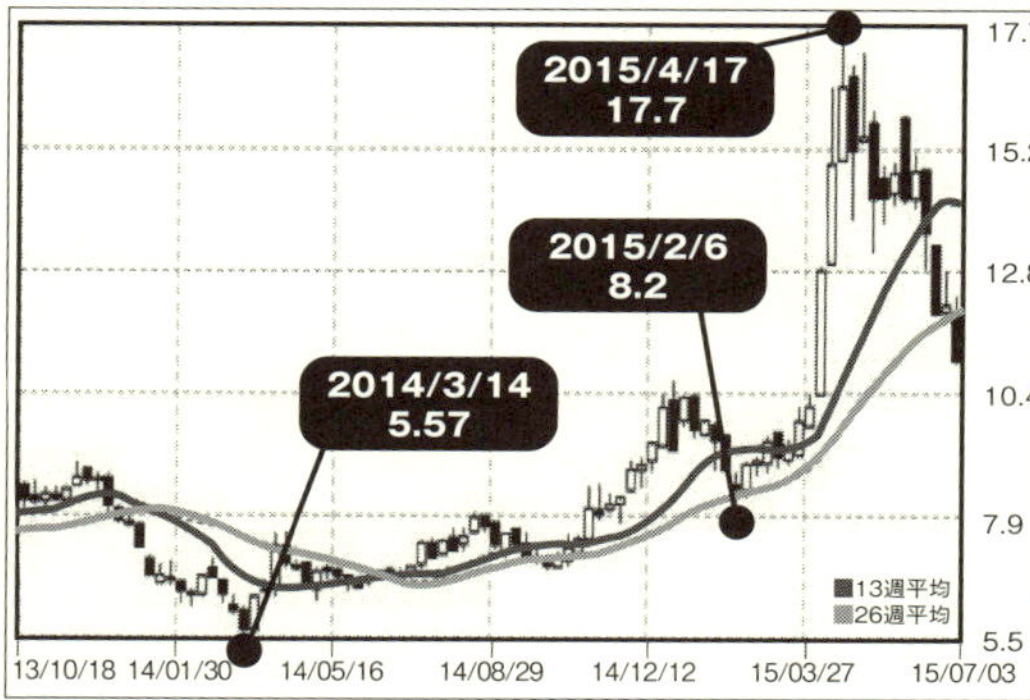

■ アフリカへも進出する民間最大手の建設会社

宝業集団（バオイエ・グループ）

02355 建設 メインボード

現在 **4.89**香港ドル（2015/7/9）
年間値上率 **203.45%**

浙江省を本拠地とする中国トップクラスの民間建築企業。都市開発や公共建設、工業団地造成など建築工事の請負や施工、建築材料の研究開発・生産、不動産開発まで手広く行う。06年から大和ハウスと業務提携。

14年12月期の建設中物件は、公官庁・公共施設が34%、都市インフラが32%を占める。ボツワナやジブチなどアフリカ諸国でも事業を展開する。

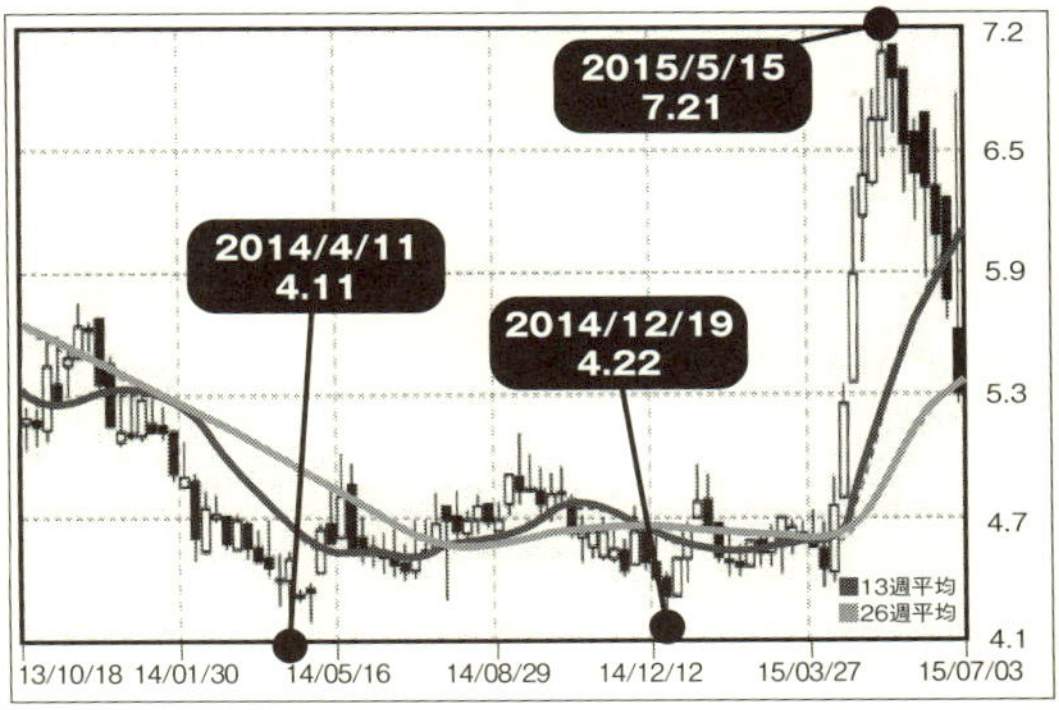

■ 中国最大手の生保

中国人寿保険（チャイナ・ライフ・インシュランス）

02628 保険 メインボード

現在 **29.75**香港ドル（2015/7/9）
年間値上率 **516.57%**

中国最大の生命保険会社である。14年の国内生保市場シェアは26%。74万人の保険外交員を抱え、販売代理店は6万カ所を数える。個人向け、団体向け生保業務を主に手がける。運用資産は2兆1000億元に上る（14年末）。

14年12月の本決算で前年比30%の増益を達成した。香港、ニューヨーク、上海に重複上場している。

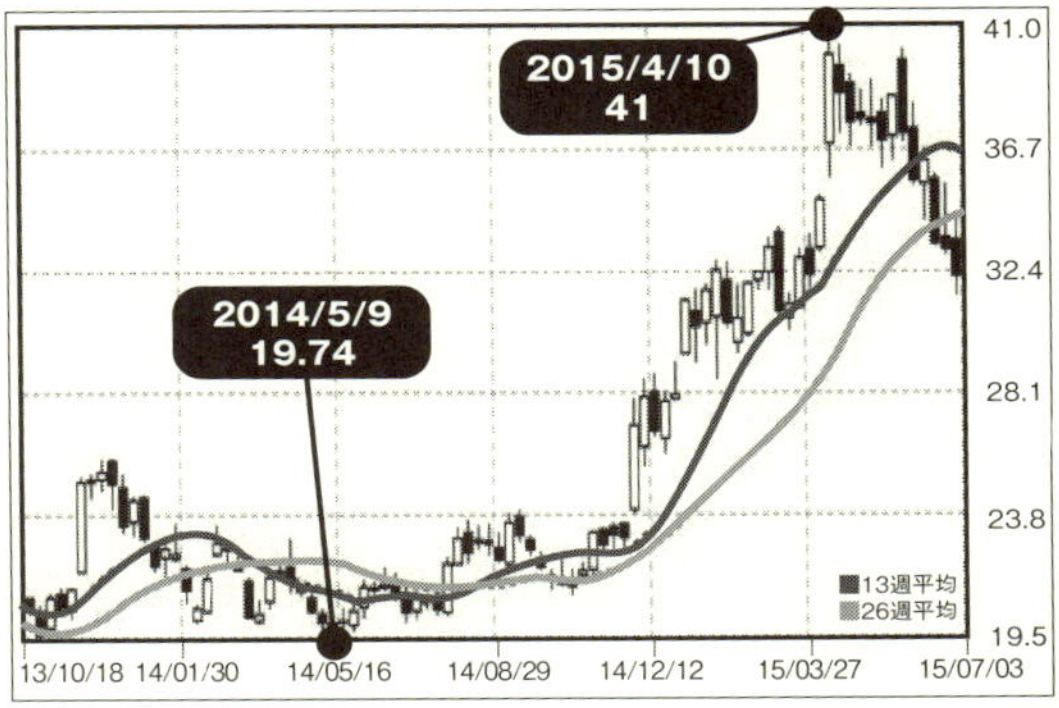

■ 国内第2位の生保大手
中国平安保険(ピンアン・インシュランス)

02318　保険　メインボード　　**現在 91.00香港ドル** (2015/7/9)

年間値上率 **723.56%**

保険大手では唯一の私営企業。保険だけでなく、銀行、証券など総合的に金融サービスを展開している。14年の国内シェアでは生保14%、損保19%でいずれも国内2位。2014年本決算で、前年比25.8%増の営業収益を上げた。

13年2月、HSBC(香港上海銀行)が保有株を売却して大株主がタイ財閥チャロン・ポカパンに入れ替わった。

■ 中国3大石油メジャーの最大グループ
中国石油天然気(ペトロチャイナ／CNPC)

00857　石油・石炭　メインボード　　**現在 8.09香港ドル** (2015/7/9)

年間値上率 **557.85%**

原油・天然ガスの探査・生産で国内最大。国内屈指の大慶油田や長慶油田を保有している。精製、加工、輸送、貯蓄、販売も手がけ、国内に2万400軒以上のガソリンスタンドを有する。ガソリンの小売り販売シェアは国内39%。

傘下の確認埋蔵量は原油106億バレル、天然ガスが71兆立方フィート(14年末)。世界各地域で探査・開発を進めている。

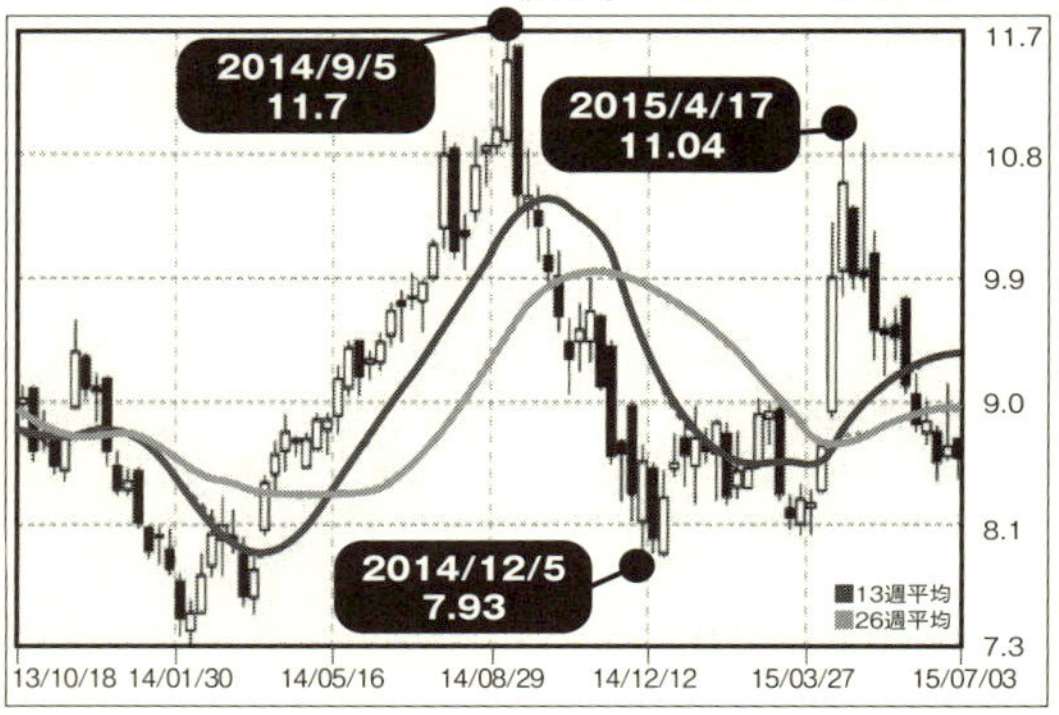

■ 中国石油メジャー第2位
中国石油化工（シノペック／CPC）

00386　石油・石炭　メインボード　**現在 6.36香港ドル**（2015/7/9）

年間値上率 **576.18%**

原油・天然ガスの探査・生産、パイプ輸送から、石油精製、原油・天然ガス、精製油の販売、工業用化学加工製品の製造・販売まで手広く手がける。ペトロチャイナに次いで国内2位の石油メジャー。3万500店のガソリンスタンドを展開している（14年末）。

15年4月、共産党中央規律検査委員会が総経理（社長）の王天普を「規律と法の重大な違反」の疑いで調査していると発表した。

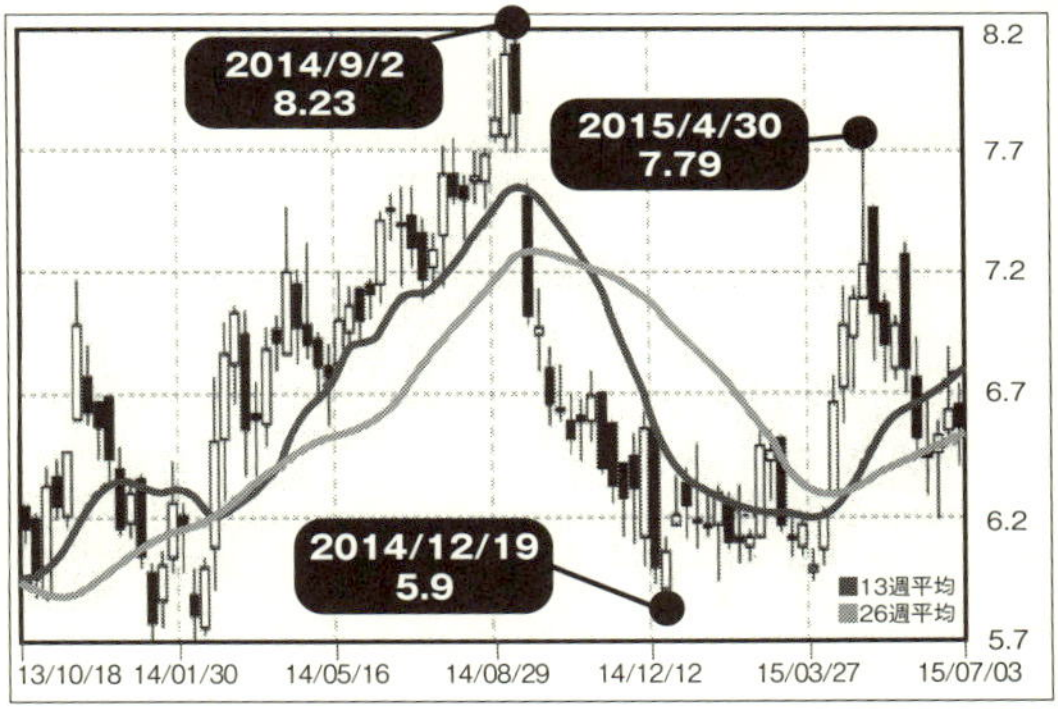

■ 中国石油メジャー第3位
中国海洋石油（シノック／CNOOC）

00883　石油・石炭　メインボード　**現在 10.00香港ドル**（2015/7/9）

年間値上率 **37.71%**

海底油田やガス田の探査・開発、原油の生産販売を手がける。天然ガスの生産では国内1位。中国近海の他、インドネシア、ナイジェリア、オーストラリア、アメリカ、カナダなどでも油田の権益を持っている。14年末時点の確認埋蔵量は44億7800万バレル（石油換算）。13年、カナダの石油会社ネクセンを買収。CEOの王宜林（おうぎりん）は資源派の一人。

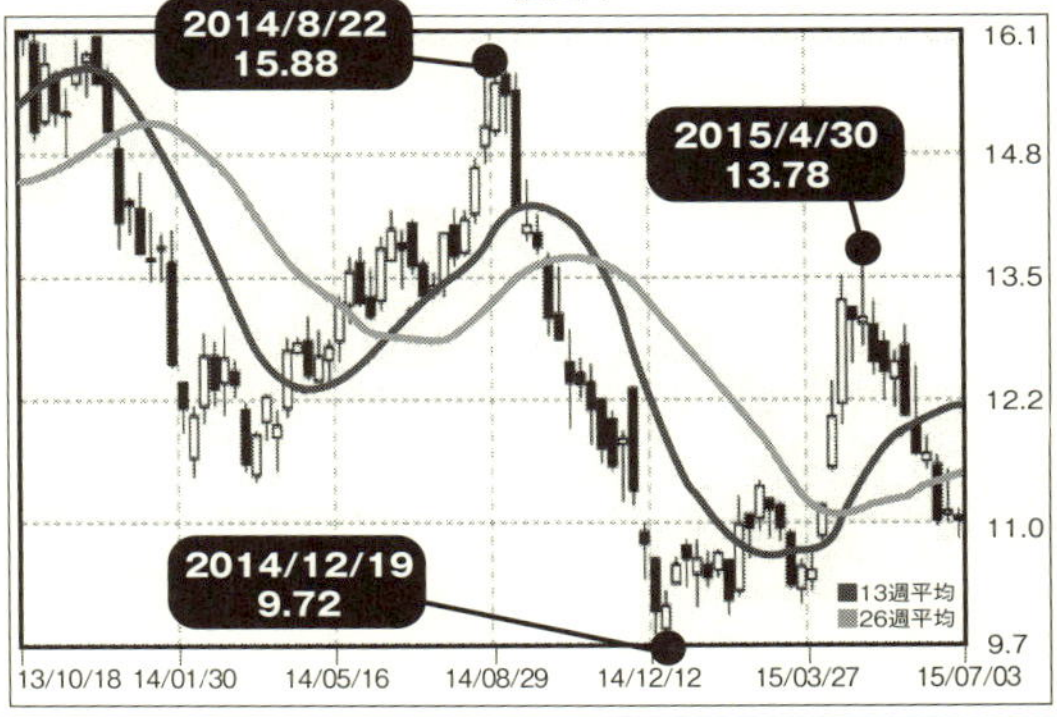

■ 中国最大の石炭会社

中国神華能源（チャイナ・シェンフア・エナジー）

01088　石炭　メインボード　**現在 15.82香港ドル**（2015/7/9）

年間値上率 **101.64%**

　石炭生産量は中国第1位で、世界でもトップクラス。石炭の生産、販売から輸送、発電まで手がける総合エネルギー会社。内モンゴル自治区、山西省、陝西省に5鉱区を有し、可採埋蔵量は160億トン（14年末）。自社で鉄道4本、港湾3カ所の輸送網を持つ。

　需要のおよそ60%が国内発電所向け。華北地区を中心に25カ所の発電所を保有（14年末）する。

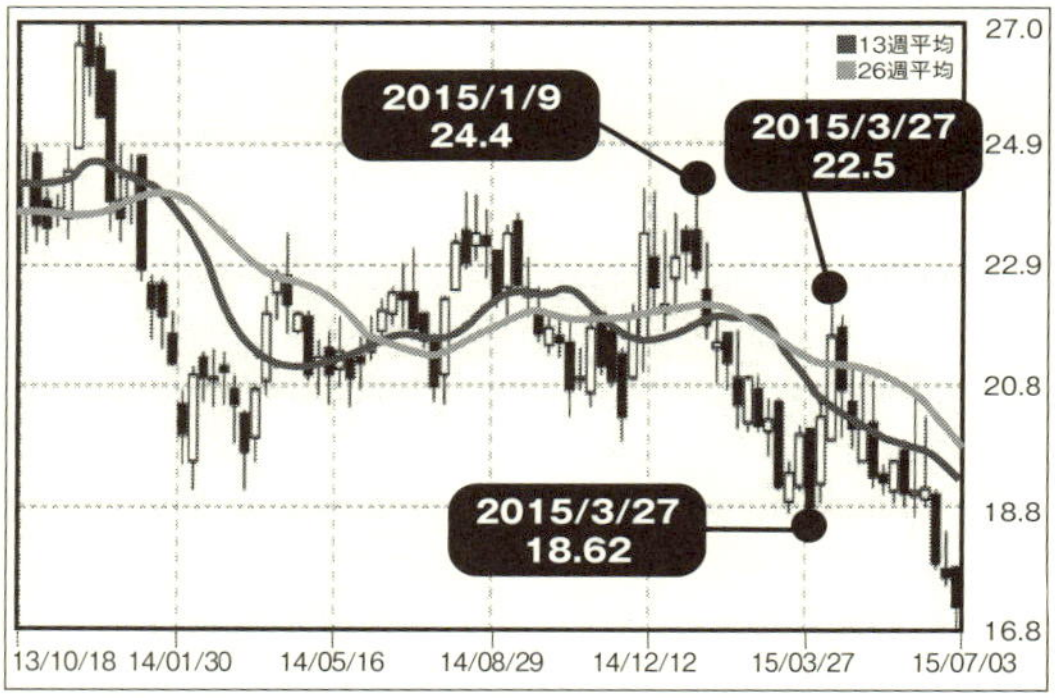

■ 中国の鉄鋼最大手

鞍鋼（アンガン・スチール）

00347　鉄鋼・非鉄金属　メインボード　**現在 4.54香港ドル**（2015/7/9）

年間値上率 **168.58%**

　生産拠点を遼寧省の鞍山と営口に置く総合鉄鋼メーカー。事業は、鉄鋼から、シームレスパイプ、ワイヤー、プレート、ビレットの製造・販売など多岐。家電、船舶、建設用鋼材、自動車用薄を主に手がけている。輸出量は総生産額の12%（14年末）。

　14年8月、神戸製鋼と中国で自動車用の高強度鋼板を製造・販売する合弁会社を設立した。

■ 中国政府系の大手デベロッパー
中国海外発展（チャイナ・オーバーシーズランド）

0688　不動産　メインボード　**現在 25.05香港ドル**（2015/7/9）

年間値上率 **26.43%**

実質の親会社は国務院直属の中国建築工程総公司である。香港、マカオ、広州、上海、北京、四川省成都、江蘇省南京、江蘇省蘇州など中国の主要都市でビル建設、土木工事、関連プロジェクト管理などを行う。14年の売上高は前年の48%増となった。

ヨーロッパ進出の足掛かりとするため、15年3月、筆頭株主の中国建築からロンドンの不動産開発プロジェクトを買い取った。

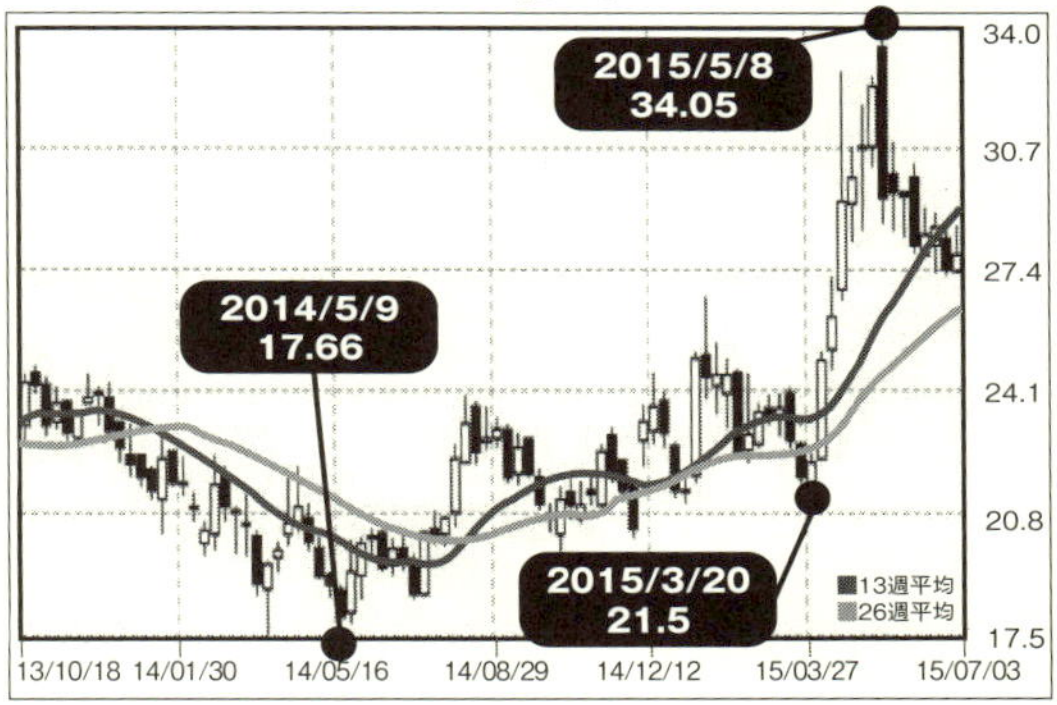

■ 不動産デベロッパー中国最大手
万科企業（バンカ）

02202　不動産　H株　**現在 18.34香港ドル**（2015/7/9）

年間値上率 **28.16%**

中国最大規模の不動産開発会社。珠江デルタ、長江デルタ、環渤海湾地域の3大経済圏を中心に不動産開発、不動産管理、投資コンサルティングを行う。

中小規模の普通住宅の販売が90%を占める。14年12月期の地域別売上では広州・深圳29%、上海32%、北京24%、成都15%。13年に海外進出を開始し、現在、ニューヨーク、サンフランシスコ、シンガポール、香港で不動産開発を行っている。

■ 開発販売からホテル事業まで手がけるデベロッパー
華潤置地(チャイナリソーシズ・ランド)

01109 不動産 メインボード

現在 21.55香港ドル (2015/7/9)
年間値上率 376.05%

国務院直轄の中国政府系である華潤(ファルン)グループ傘下のデベロッパー。不動産開発、販売を主力とする。建設、内装、ホテル事業も手がける。北京、上海など全国51都市で事業を展開。賃貸事業にも力を入れている。

保有用地の総床面積は4004万m²(13年6月末)。「万象城」「五彩城」のブランドでショッピングモールやオフィスビルを展開している。

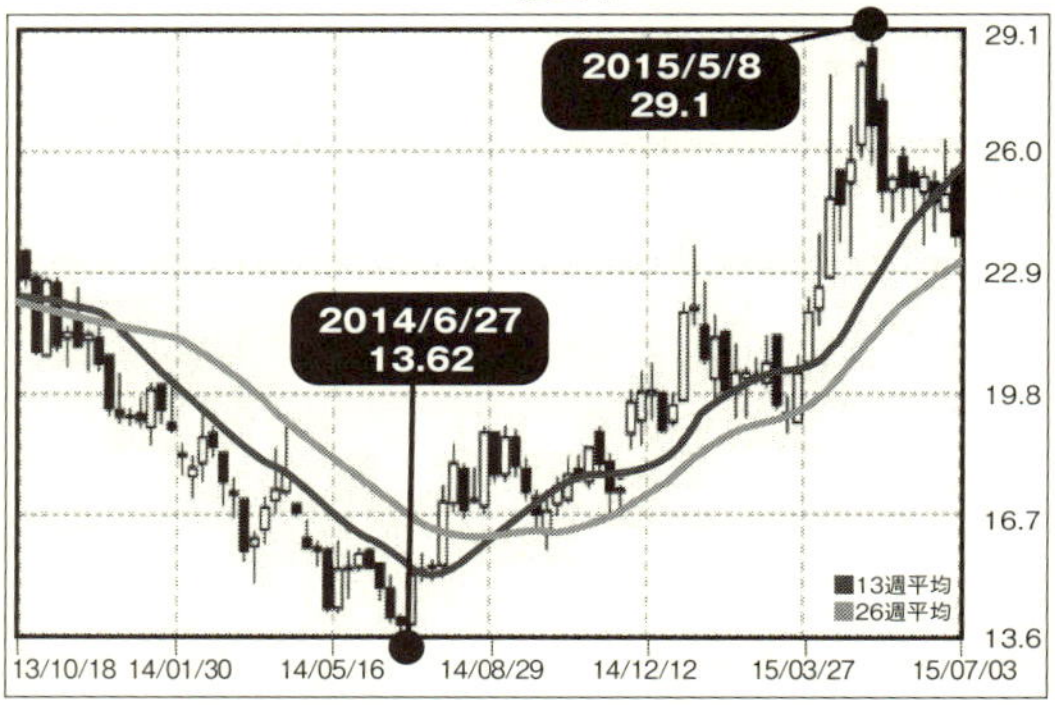

■ 中国最大の重電メーカー、“中国の日立”
上海電気集団(シャンハイデンキ)

02727 機械 メインボード

現在 5.01香港ドル (2015/7/9)
年間値上率 145.61%

ボイラーやタービンから、エレベーター、重機、ディーゼルエンジンなど幅広く製造販売を行う中国最大の重電メーカー。売上げの6割は火力・原子力などの発電設備が占める。太陽光発電設備事業からは撤退。一方、風力、原子力発電などの新規事業を強化している。

14年、日本の古河グループの中核企業である富士電機との合弁会社を設立。また同年、同業でイタリア大手のアンサルド・エネルジアに40%出資し、海外展開を本格化させた。

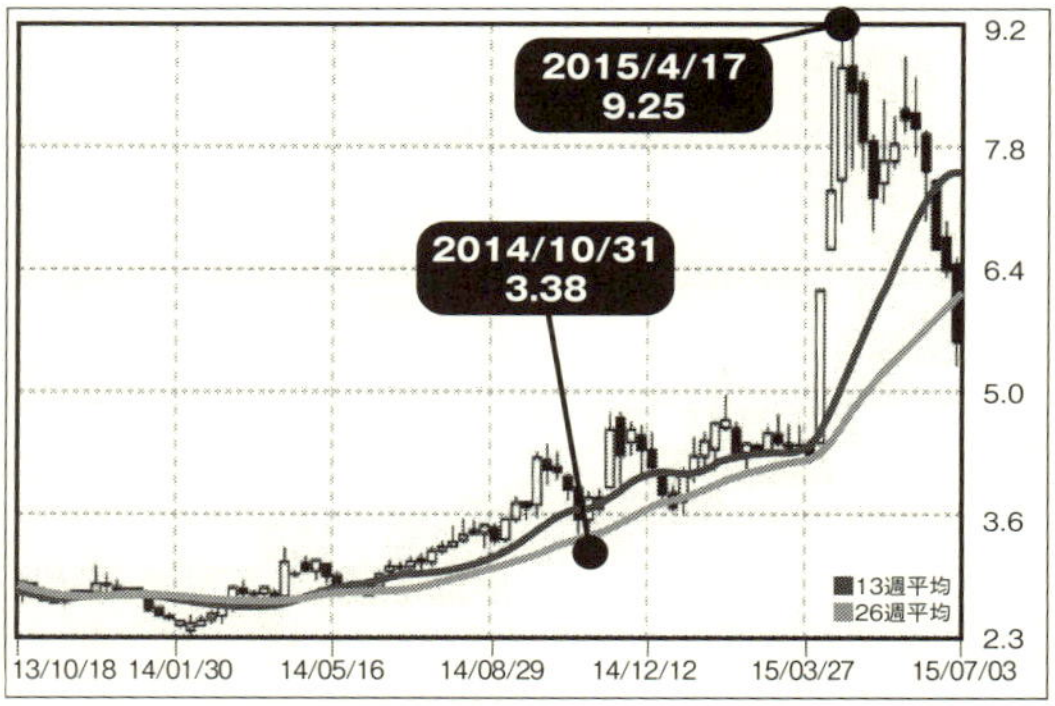

■ 中国の家電量販チェーン大手
国美電器(コクビデンキ)

00493　小売　メインボード

現在 1.39香港ドル (2015/7/9)

年間値上率 **110.55%**

中国の大手家電量販店。1987年、北京に第1号店を出店。創業者の黄光裕(こうこうゆう)は中国有数の富豪として知られたが、2010年にインサイダー取引と収賄で有罪判決を受けた。

主な事業は、家庭用電気製品、デジタル製品の国内販売。販売店は全国各地に1132店を展開(14年末)。14年のチェーンストア売上ランキングで国内1位。

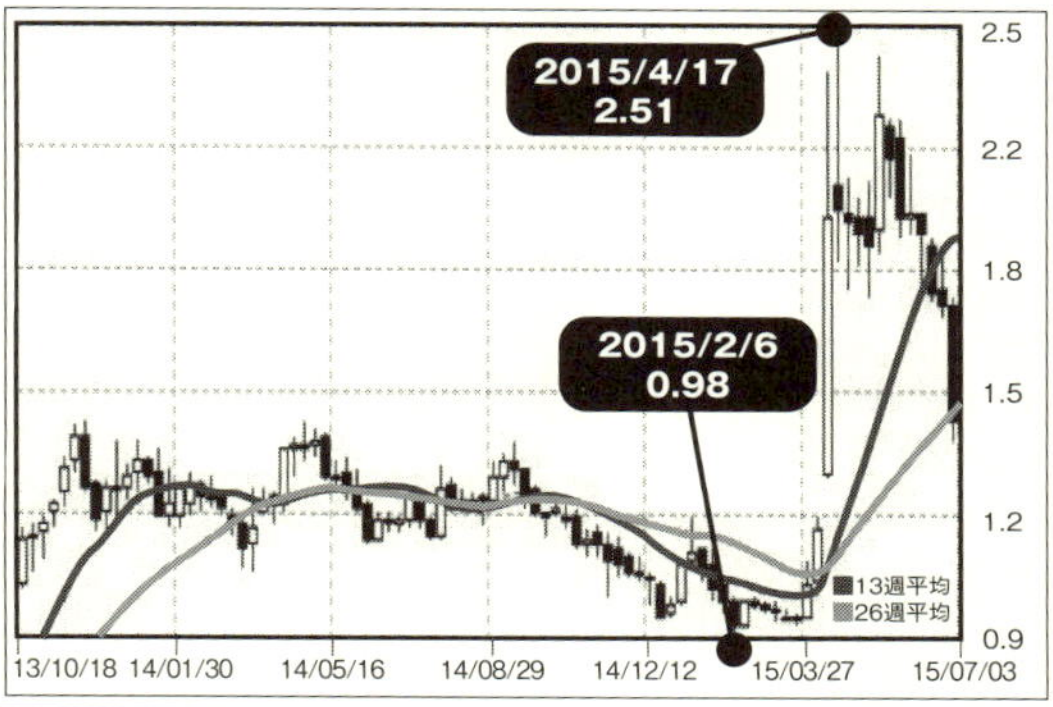

■ 中国のNTT
中国電信(チャイナ・テレコム)

00728　通信　メインボード

現在 4.14香港ドル (2015/7/9)

年間値上率 **179.31%**

固定電話で中国第1位、携帯電話で中国第3位。固定電話とブロードバンド事業は世界最大規模。政府主導による業界再編で、08年に再び携帯電話部門へ参入した。

契約数は固定電話1億4360万件、携帯電話1億8560万件で国内シェア14%(14年末)。長らく中国聯通が唯一の正式なiPhone取り扱い事業者であったが、13年から正式に取り扱いを開始した。

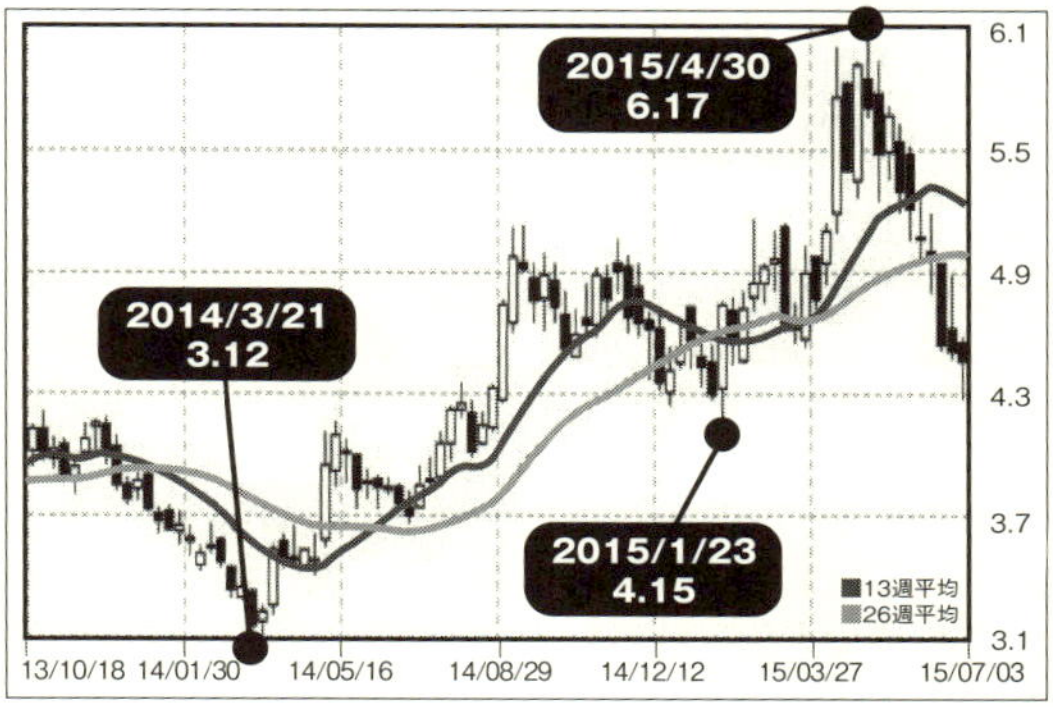

■　中国のドコモ

中国移動（チャイナ・モバイル）

00941　通信　メインボード

現在 91.60香港ドル（2015/7/9）

年間値上率 **75.26%**

中国電信から98年に分離独立した。国内シェア62%を誇る携帯キャリアの中国最大手。中国全土と香港で事業を手がける。

携帯電話契約数は8億700万件（14年末）で世界でも最大規模。08年、固定電話3位の中国鉄通集団を吸収合併した。09年には台湾第3位の携帯電話会社に出資して、台湾へも進出した。

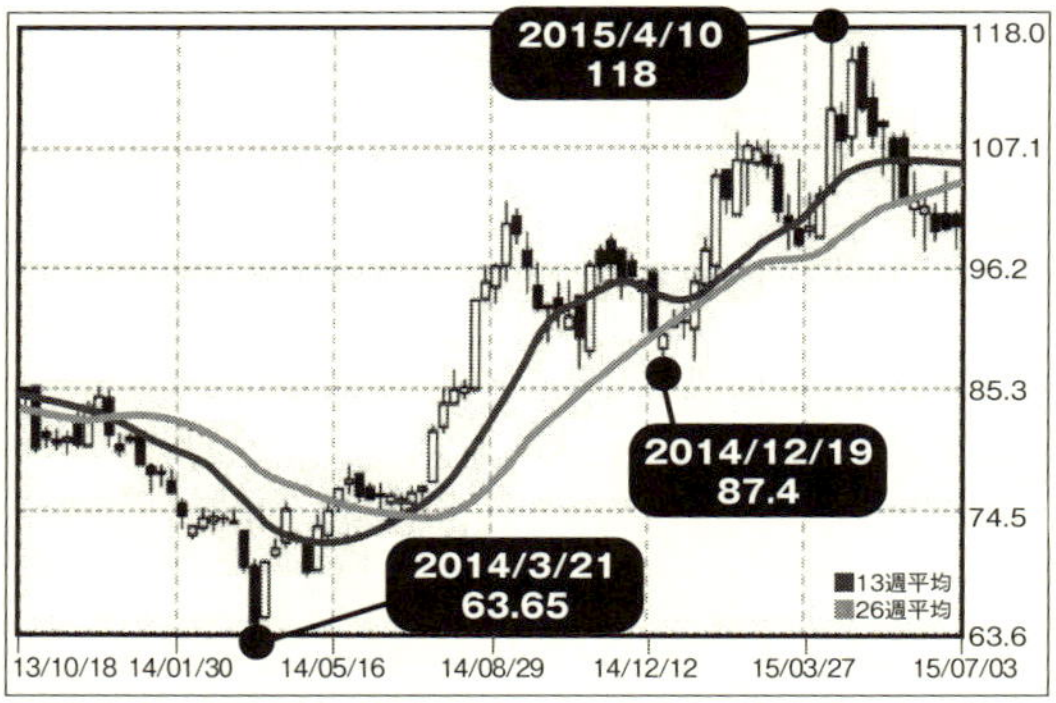

■　携帯ビッグ3の一角

中国聯通（チャイナ・ユニコム）

00762　通信　メインボード

現在 10.80香港ドル（2015/7/9）

年間値上率 **−40.48%**

中国移動（チャイナ・モバイル）、中国電信（チャイナ・テレコム）に次ぐ売上中国第3位の通信キャリア。

携帯電話契約数では2億9900万件で、中国電信を抜いて第2位のシェアを占めている（14年末）。主な事業は、携帯電話、固定電話、インターネット通信網の展開。中国で最初にiPhoneを導入した。

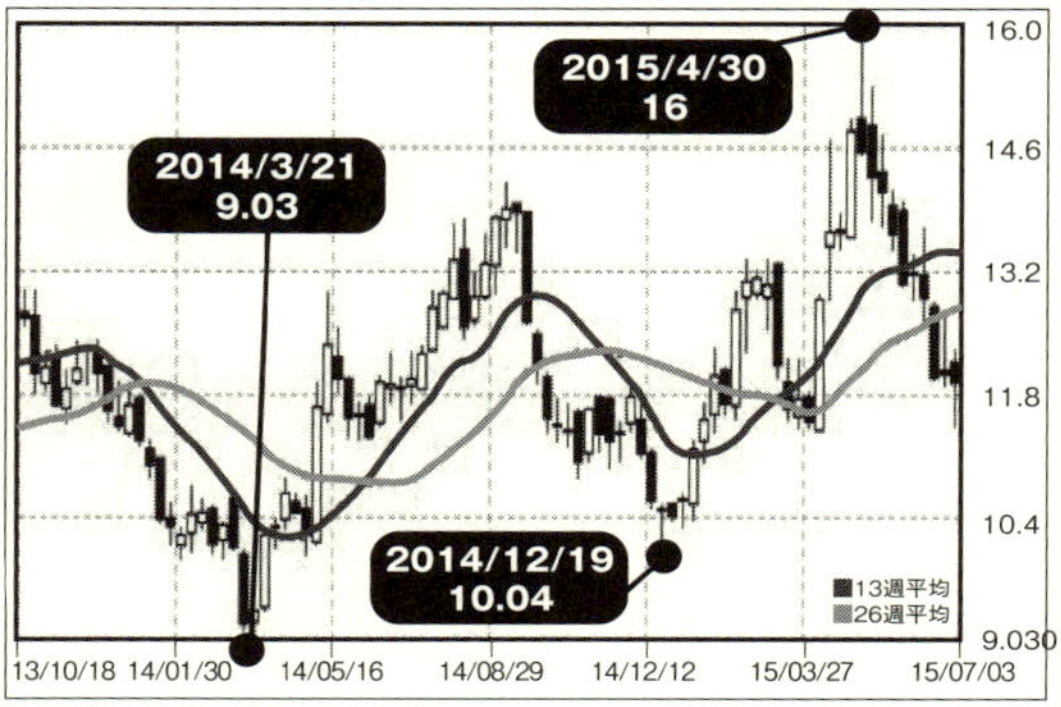

■ 政府直系の流通大手

華潤創業（チャイナリソーシズ・エンタープライズ）

00291　コングロマリット　メインボード　**現在 23.70香港ドル**（2015/7/9）

年間値上率 **109.14%**

国務院直属の華潤（ファルン）集団傘下。09年までに石油製品販売、紡績、コンテナ事業などを売却して小売、飲料製造、食品加工に経営を集約した。

小売事業は「華潤万家」「采活」ブランドでスーパーマーケット、コンビニを中国全土と香港で展開している。国内の店舗数は4800店を超える。製造しているビール「雪花」は国内シェア24%、売上げ国内1位（14年末）。

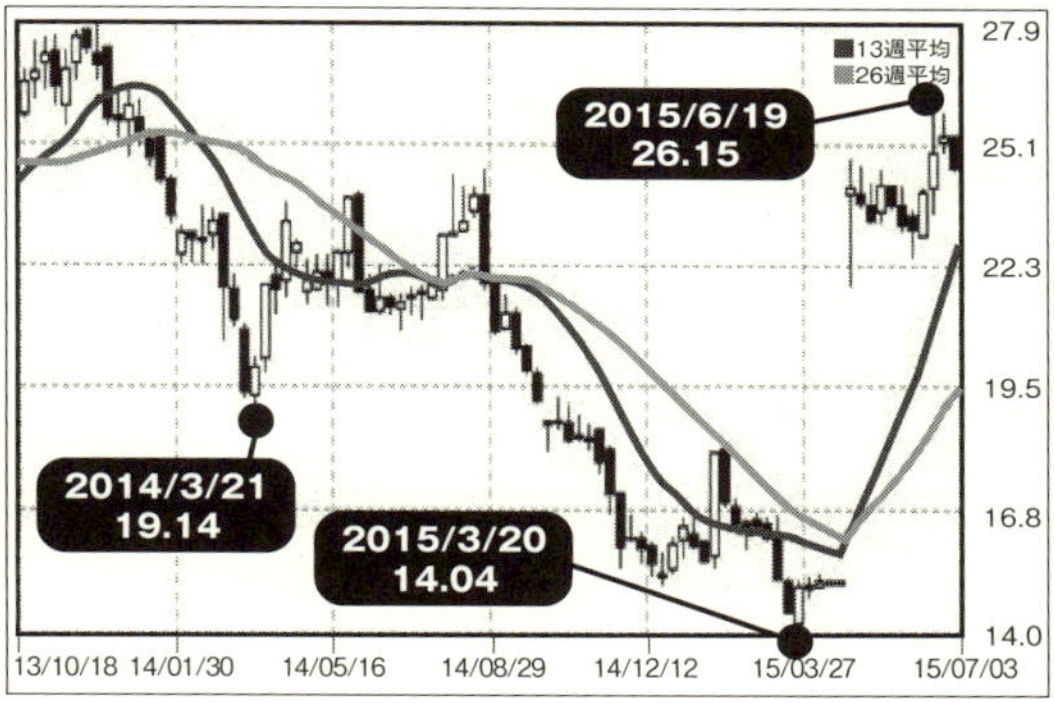

■ スーパーマーケットで中国1位

聯華超市（リエンフア・スーパーマーケット）

00980　小売　メインボード　**現在 4.44香港ドル**（2015/7/9）

年間値上率 **178.20%**

中国国内屈指の老舗小売チェーン。「世紀聯華（リエンフア）」「聯華超市」「快客便利」などのブランドで華東地区を中心に販売網を展開している。国内店舗数はフランチャイズも合わせて4291店（14年末）。この内、コンビニは1719店、スーパー2415店。

09年に同業の聯華超市を買収した大手小売りグループの百聯集団が実質の筆頭株主。97年に三菱商事が資本参加したが、13年に売却、解消した。

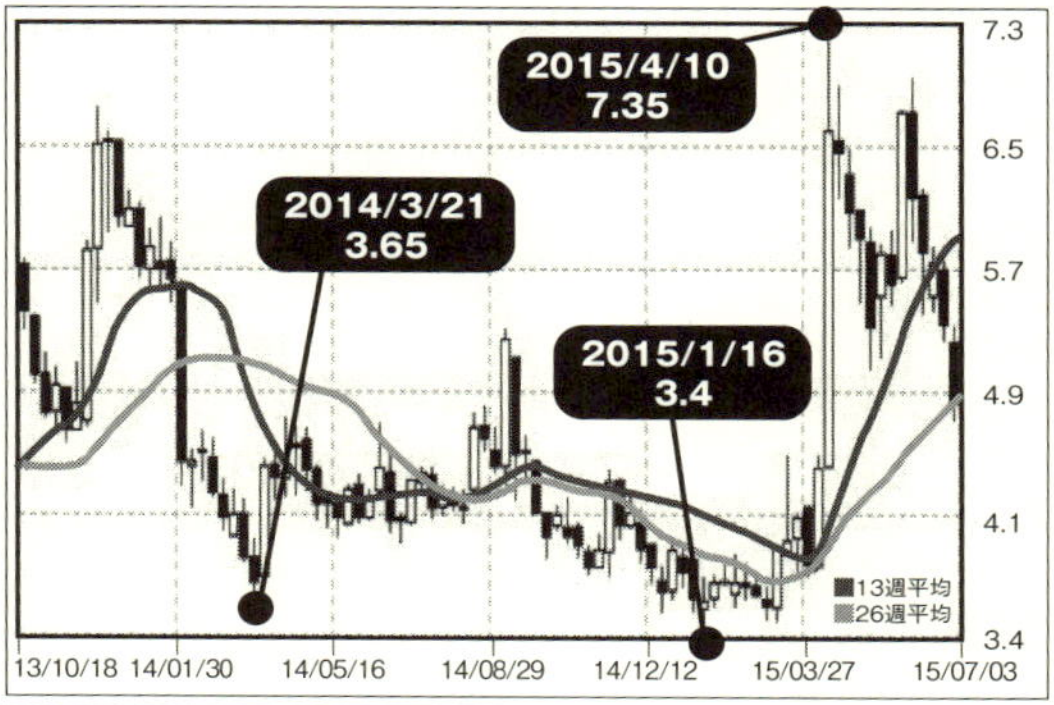

■　中国の「ユニ・チャーム」

恒安国際集団（ハンアン・インターナショナル）

01044　ヘルスケア　メインボード　**現在 85.25香港ドル**（2015/7/9）

年間値上率 **230.44%**

中国のトイレタリー大手。福建省と広東省を中心に事業を展開している。ティッシュペーパー「心相印」、ナプキン「安楽」「安爾楽」、紙おむつ「安児楽」「安而康」など、多くのブランドを有する。トイレタリー製品の生産・販売で業界トップ。

08年に大手菓子メーカー親親食品に出資し、食品事業にも参入。11年には香港ハンセン指数の構成銘柄となった。

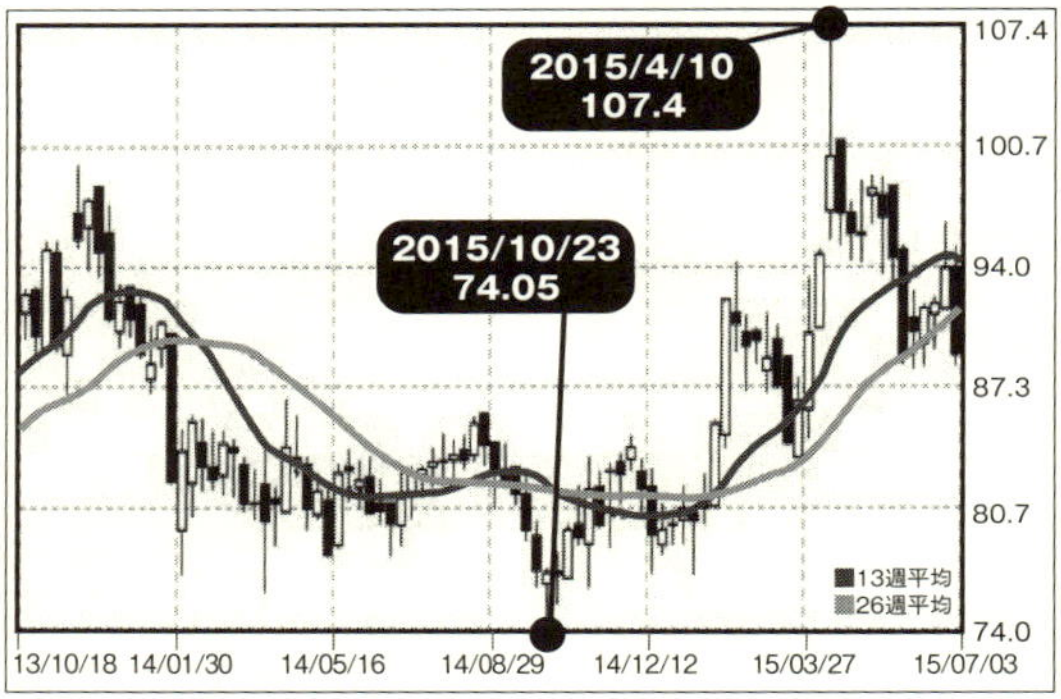

■　世界最大のパソコンメーカー

聯想集団（レノボ・グループ）

00992　IT　メインボード　**現在 9.61香港ドル**（2015/7/9）

年間値上率 **80.91%**

05年にIBMのパソコン部門を買収し、世界最大手のPCメーカーとなった。法人向けは「Think」、個人ユーザー向けへ「Idea」のブランドで展開。PCの世界シェア19.6%で世界1位（15年1-3月期）。

09年、携帯電話機の製造に再参入し、スマートフォンやタブレットを製造開始。11年、日本のNECとも合弁会社を設立した。スマートフォンの世界シェアは6.6%で3位（14年末）。

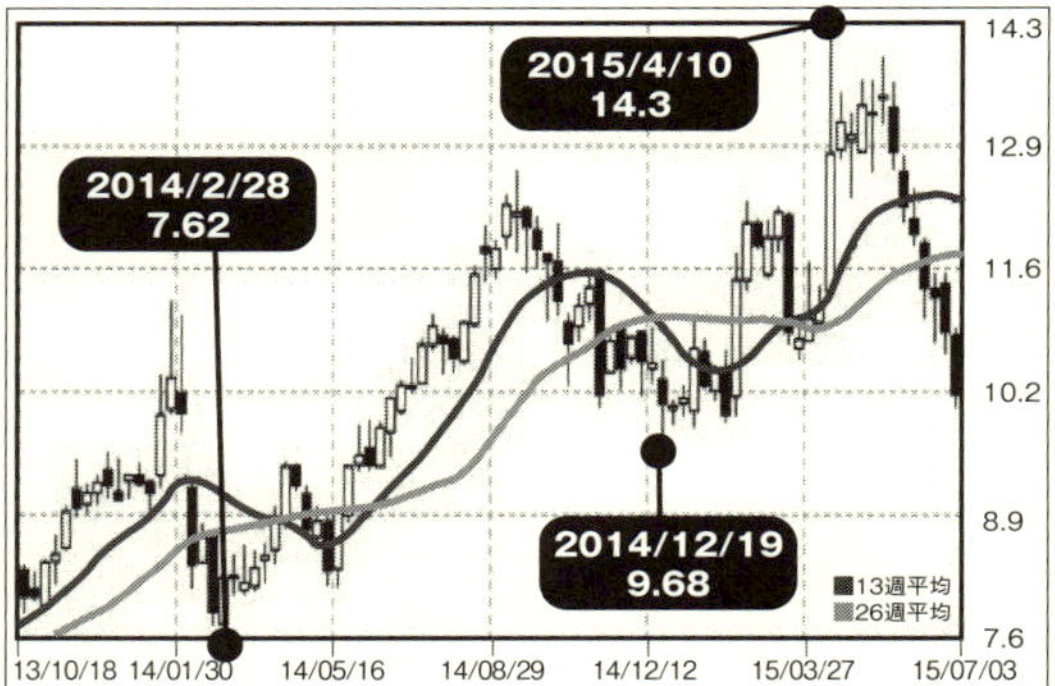

■ 中国第2位の自動車メーカー
東風汽車集団(ドンフォン・モーター・グループ)

00489 自動車 メインボード

現在 9.51 香港ドル (2015/7/9)

年間値上率 **42.70%**

中国の自動車ビッグ4の一角。03年に日産自動車との折半出資で設立した東風(ドンフォン)汽車を傘下に持つ。同じく03年、ホンダと設立した東風本田汽車、さらには仏プジョー・シトロエンとの合弁による神龍(しんりゅう)汽車も擁している。
生産能力は年間乗用車251万台、商用車65万台で、国内販売台数のシェアは乗用車12%、商用車10%(14年末)。

■ 中国自動車ビッグ4の一つ
広州汽車集団(グランジョウ・オートモービル)

02238 自動車 メインボード

現在 6.11 香港ドル (2015/7/9)

年間値上率 **−34.71%**

広東省の広州地盤の大手自動車メーカー。トヨタ、ホンダとの合弁会社を通じて乗用車を製造。トラックは日野自動車との合弁で製造している。代表車種は「カムリ」「アコード」「オデッセイ」「フィット」など。

傘下企業をふくめたグループの生産能力は年間155万台。販売台数の国内シェアは5%(14年末)。

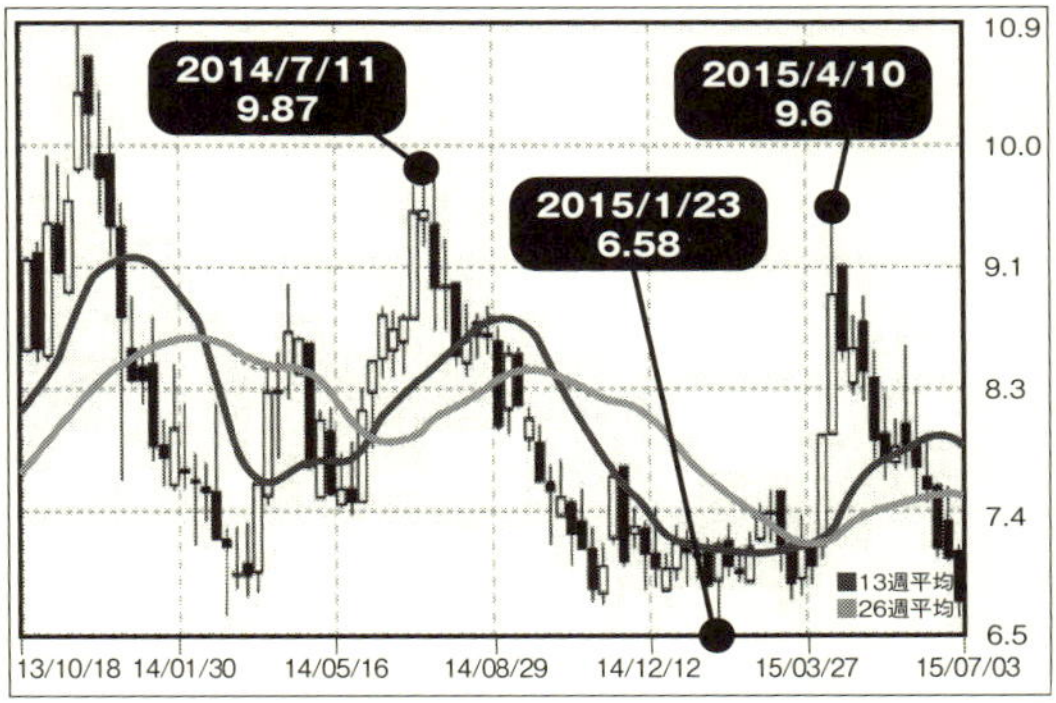

■　中国の雪印乳業

蒙牛乳業（チャイナ・モンニュウ・デイリー）

02319　食品　メインボード　**現在 36.50香港ドル**（2015/7/9）

年間値上率 **62.30%**

内モンゴルを拠点とする大手乳製品メーカー。世界乳製品メーカー番付で3年連続して20位以内に入っている。14年の国内シェアは牛乳が27%、冷蔵乳製品28%でともに第1位。マレーシア、ベトナム、インドなどの海外市場の開拓も進めている。

国有企業の中国糧油食品集団が筆頭株主（31.5%）で、業務提携をしているダノンが第2位株主（6%）。

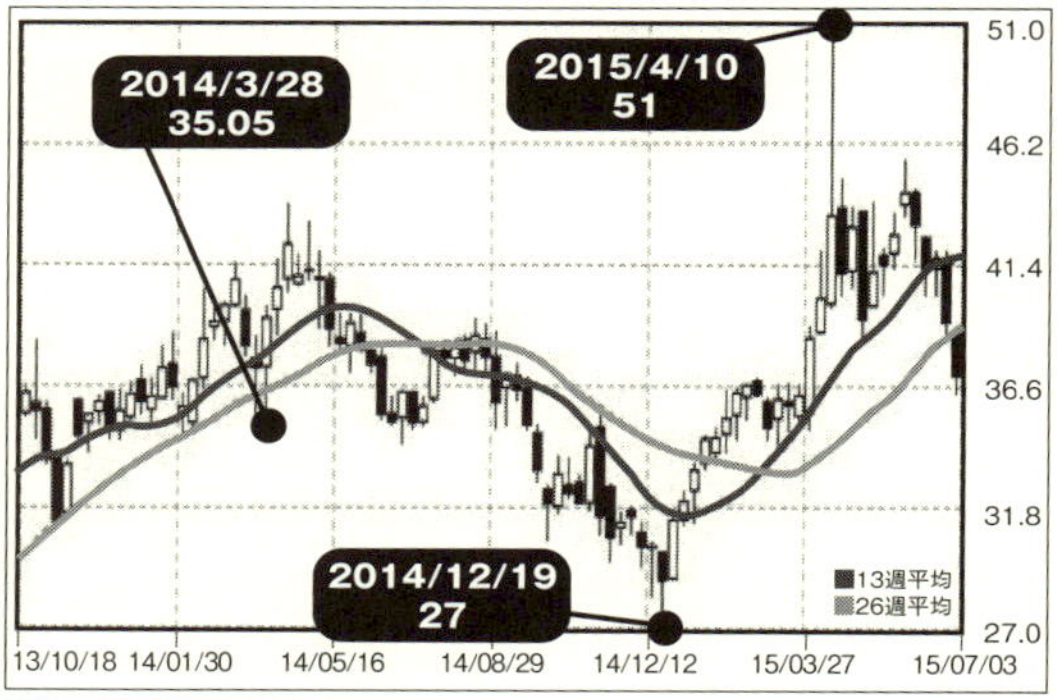

■　中国のJAL

中国国際航空（エアチャイナ）

00753　運輸　メインボード　**現在 8.76香港ドル**（2015/7/9）

年間値上率 **171.63%**

中国の最大の航空会社。中国東方航空、中国南方航空とあわせて、3大航空会社の一角。主な事業は、航空運輸（旅客・貨物）、航空関連サービス。

運行路線数は322本、就航都市は世界32カ国・地域、159都市に上る。運行機体数は540機（14年末）。傘下に山東航空、マカオ航空などを抱える。06年、キャセイ・パシフィックと資本業務提携した。

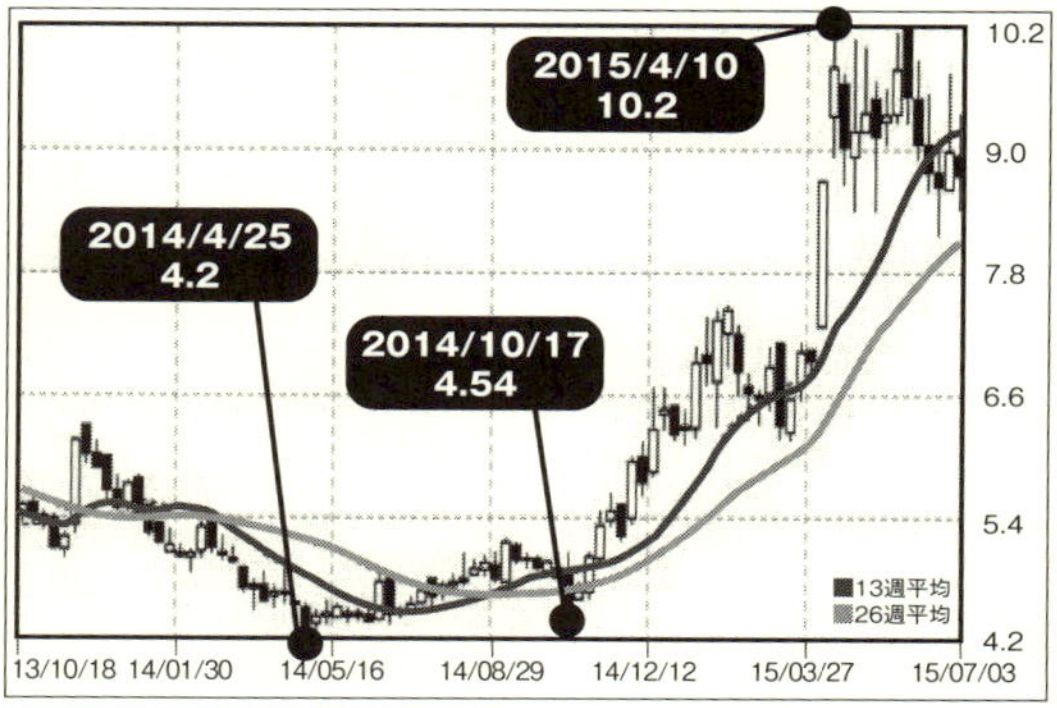

■ 中国のトップ家電メーカー

海爾電器（ハイアールエレク）

01169 製造（軽工業）メインボード 現在 **19.04**香港ドル（2015/7/9）

年間値上率 **107.00%**

中国最大の家電メーカー。冷蔵庫、洗濯機などの白物家電で6年連続世界シェア1位を誇る（14年）。輸出先は100カ国を超える。11年、三洋電機を買収。日本でも「ハイアール」「アクア」両ブランドで展開している。

販売部門ではネット通販が急成長を遂げ、14年度の売上高は2000億元（4兆円）を超えた。CEOの張瑞敏（ちょうずいびん）は迅速な決断と行動力で「中国経営大師」と称されている。

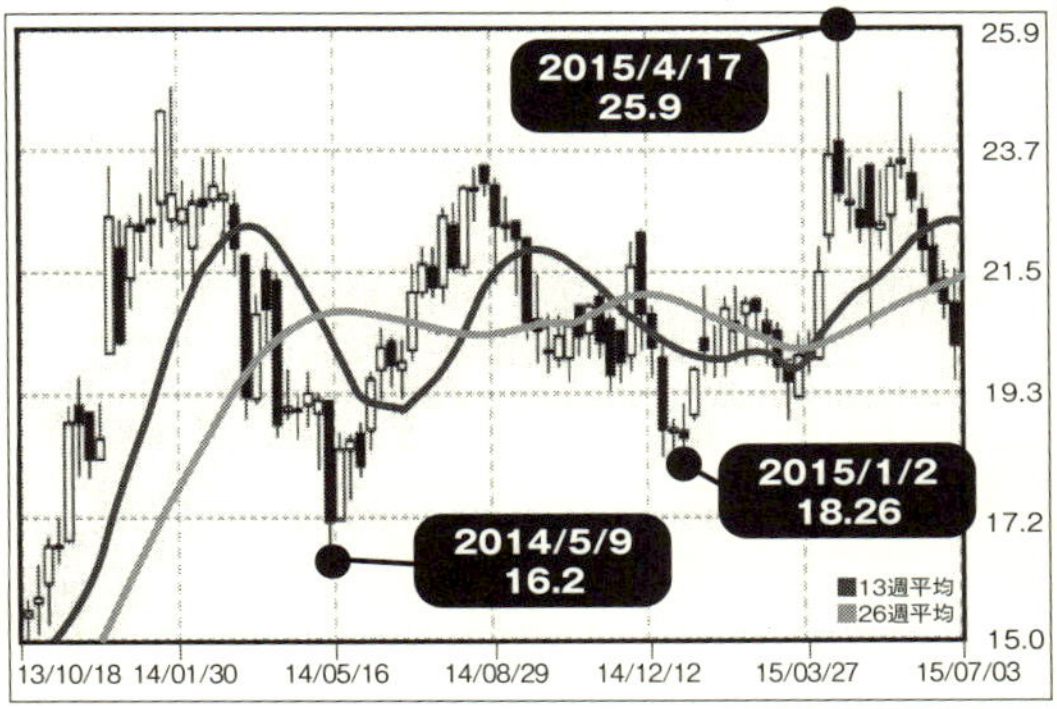

■ 金の生産量世界1

中国黄金国際（チャイナ・ゴールド・インター）

02099 鉱業 メインボード 現在 **10.90**香港ドル（2015/7/9）

年間値上率 **−75.55%**

1600トンの金を保有する国有企業。中国の国策企業として金に関する巨大な権益を持つ世界的な金鉱山会社。主な事業は中国国内での金の生産、金製品の生産である。内モンゴルに金鉱山を保有する。年間80トンを生産（14年）。中国国内の金生産の20%を中国黄金が担っている。海外でも積極的に金鉱を獲得し、探査、開発、採鉱を行っている。

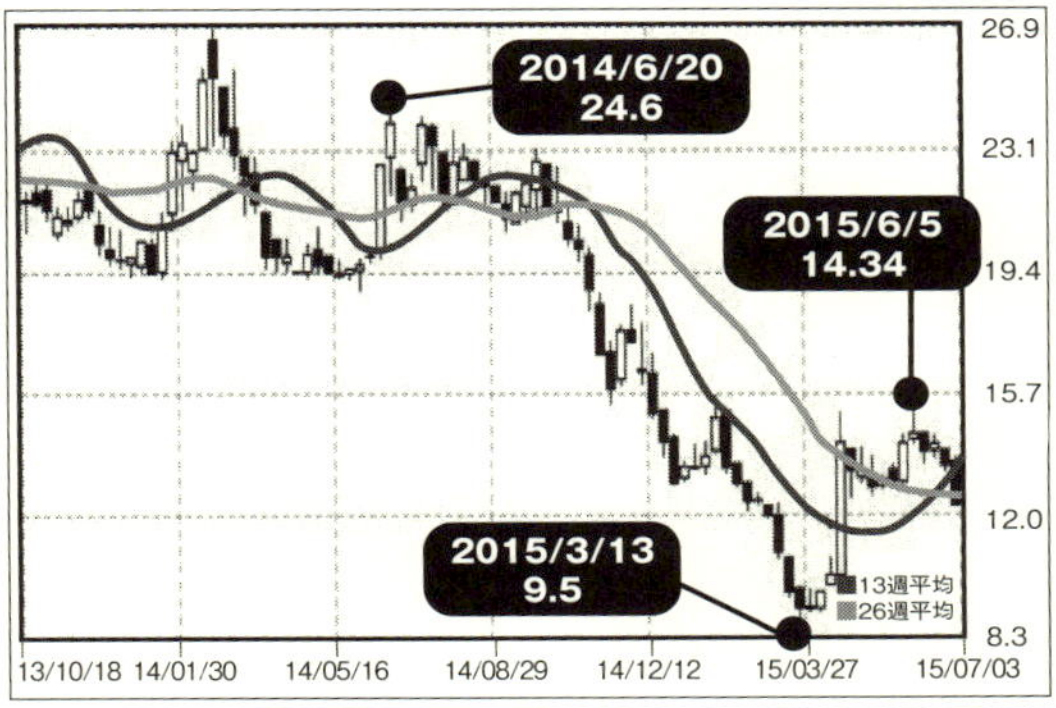

■　オンラインゲームで中国最大手

騰訊控股（テンセント）

00700　ソフトウエア　メインボード　**現在 146.00香港ドル**（2015/7/9）

年間値上率 **161.40%**

中国最大規模のポータルサイト「QQ.com」を運営。創業1998年。中国のインターネットサービス大手。主な事業は、インターネット向け、携帯電話向けの付加価値サービスとオンライン広告サービスの提供。ユーザー数の拡大でゲーム、SNS、広告の事業が急成長している。

利用者はインスタントメッセンジャー「QQ」8億1500万人、チャットアプリ「微信」5億人（14年末）。

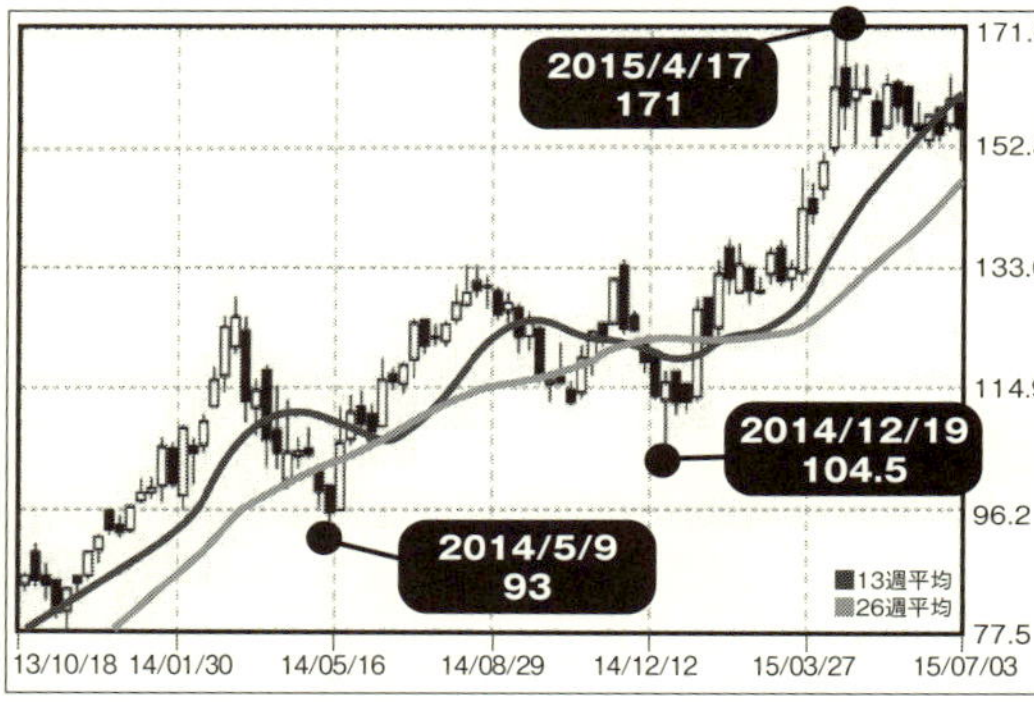

■　アジア最大級のカジノを経営

銀河娯楽（ギャラクシーエンター）

00027　ホテル・娯楽　メインボード　**現在 33.05香港ドル**（2015/7/9）

年間値上率 **n/a**

マカオのカジノ大手。主な事業は、カジノ施設運営。その他、ホテル経営、建材の生産・販売なども手掛ける。11年、マカオのコタイ地区にアジア最大級のカジノリゾート「ギャラクシー・マカオ」を開業。

14年のカジノ市場シェアは20.8%で3位。14年の売上高はVIP向けカジノの好調を受け、前年比18%増となった。

ブルームバーグ、サーチナ・ファイナンス、ロイター等の資料をもとに製作

【著者略歴】
副島隆彦　（そえじま・たかひこ）
1953年福岡市生まれ。早稲田大学法学部卒業。外資系銀行員、予備校講師、常葉学園大学教授などを歴任。政治思想、法制度論、経済分析、社会時評などの分野で、評論家として活動。副島国家戦略研究所（SNSI）を主宰し、日本初の民間人国家戦略家として研究、執筆、講演活動を精力的に行っている。主な著書に『属国・日本論』『世界覇権国アメリカを動かす政治家と知識人たち』『預金封鎖』『靖国問題と中国包囲網』『副島隆彦の政治映画評論　ヨーロッパ映画編』『「熱狂なき株高」で踊らされる日本』他多数。

ホームページ「副島隆彦の学問道場」URL http://www.snsi.jp

e-mail GZE03120@nifty.ne.jp

中国、アラブ、欧州が手を結び ユーラシアの時代 が勃興する

2015年8月1日　第1刷発行

著　者　副島隆彦
発行者　唐津　隆
発行所　株式会社ビジネス社
〒162－0805　東京都新宿区矢来町114番地
神楽坂高橋ビル5F
電話　03－5227－1602　FAX 03－5227－1603
URL　http://www.business-sha.co.jp/

印刷・製本　モリモト印刷株式会社
〈カバーデザイン〉大谷昌稔　〈本文組版〉エムアンドケイ
〈編集担当〉岩谷健一　〈営業担当〉山口健志

ISBN978-4-8284-1825-4

副島隆彦の「中国研究」第３弾

中国バブル経済はアメリカに勝つ

アジア人どうし戦わず

副島隆彦

●人民元をどうやって買うか
●尖閣諸島沖事件の真相
●世界的な需要不足のなかでひとり需要が拡大する中国
●上海、北京の不動産バブルの実態
●ヒトとカネは内陸部に向かっている
●中国への覇権の移動は２０１２年から始まる

四六ハードカバー　定価：本体1600円＋税